JN104045

公務員試験

判断推理
がわかる！

新・解法の
玉手箱

編 資格試験研究会

実務教育出版

算数・数学の世界で
「浦島太郎状態」なみなさんへ！

「判断推理・数的推理が教養試験突破のカギだ！」

　判断推理・数的推理は公務員試験独特の科目ですし，大事な科目だということはわかっていても，「算数や数学なんて高校入試以来ちゃんとやってない」「数字が苦手だから文科系に進んだんだよ！」……という受験生にとっては，どこから手をつけたらいいのかすらもわからない，やっかいな科目であることは事実です。

　そんな，算数・数学から長い間遠ざかってしまって，今じゃ「√」だの「π」だのいわれても，なんのこっちゃワカラナイ！という算数・数学の世界の「浦島太郎状態」にある受験生のためにつくられたのが，この**「新・解法の玉手箱」**シリーズです。

　本シリーズでは，数学浦島太郎状態の受験生でも実際の公務員試験に出題された過去問をなんとか解けるようにということで，過去問の解き方を手取り足取り詳しく解説しています。

　まずは考え方の筋道を示して，計算式などもなるべく省略しないで記してありますし，問題を解いている中で疑問に思うようなことの近くで，竜宮城の仲間たちがアドバイスやヒントをつぶやきます。今までの問題集ではすぐギブアップしてしまったような受験生でも，算数・数学の「カン」を取り戻しつつ，判断推理・数的推理をひととおり学べるようになっています。

　今まで判断推理・数的推理から逃げてきたみなさん！　まずは本書をきっかけに，合格へ向けての準備を始めましょう！

資格試験研究会

本書の構成と使い方

 本書で取り扱う試験の名称表記について

本書に掲載した問題の末尾には，試験名の略称および出題年度を記載しています。

国家総合職：国家公務員採用総合職試験

国家一般職［大卒］：国家公務員採用一般職試験［大卒程度試験］

国家専門職［大卒］：国家公務員国税専門官採用試験，財務専門官採用試験，労働基準監督官採用試験，皇宮護衛官採用試験［大卒程度］，法務省専門職員（人間科学）採用試験，食品衛生監視員採用試験，航空管制官採用試験

裁判所：裁判所職員採用試験（総合職試験・一般職試験［大卒程度区分］）

地方上級：地方公務員採用上級試験（都道府県・政令指定都市・特別区。なお，東京都Ⅰ類と特別区Ⅰ類の問題はそれぞれ「**東京都**」「**特別区**」としています）

市役所：市職員採用上級試験（政令指定都市以外の市）

大卒警察官：大学卒業程度の警察官採用試験（なお，警視庁Ⅰ類の問題は「**警視庁**」としています）

大卒消防官：大学卒業程度の消防官・消防士採用試験

本書に収録されている「過去問」について

❶試験実施団体により問題が公表されている試験については，公表された問題を掲載しています（平成9年度以降の国家公務員試験，平成13年度以降の東京都，平成14年度以降の特別区，平成15年度以降の警視庁）。それ以外の問題については，過去の公務員試験において実際に出題された問題を，受験生から得た情報をもとに実務教育出版が独自に編集し，復元したものです。

❷問題の論点を保ちつつ問い方を変えた，問題に不備があるところを補足したなどの理由で，実際に出題された問題に手を加えて掲載している場合があります。

本書の構成

実際の試験に何度も出ているような問題を選び，数学浦島太郎状態のみなさんが取り組みやすい内容，学習しやすい内容から順に，テーマ別に構成しました。

| 例 | 題 |

各テーマから最初に取り組みやすい問題・典型的な問題をピックアップしました。まずはこの「例題」を解いてみて，感触をつかみましょう。

| 練 | 習 | 問 | 題 |

テーマをスムーズに理解できるよう，発展的な問題を選びました。解説は，「例題」と同じように，詳しくていねいに記述してあります。全部解いて，実戦力をアップしましょう。

解説については，詳しくわかりやすいものにするため，解き方の手順を「**STEP**」という形で示しています。また，問題を解くうえで気をつけて欲しいポイントに対して，竜宮城の仲間たちが次のような補足説明をしています。

問題を解くうえで重要な公式や考え方・知識など絶対に覚えておきたいところです。

難解なところの詳しい説明やフォロー，ちょっと発展的な内容などを紹介しています。

算数・数学が苦手な人のために，素朴な疑問に対する答えや，基本的な知識のおさらいなどを載せています。

間違いやすいところや，引っかかりやすいポイント，注意点などについて説明しています。

実際の計算のしかたや筆算でのやり方を，極力省略せずにていねいに記しています。

本文にある解き方とは別の解き方がある場合や，別の考え方などについて解説しています。

判断推理がわかる！
新・解法の玉手箱

もくじ

判断推理，数的推理と数的処理，
課題処理，空間把握のカンケイ

　試験によって呼び方に違いがあるので，ここで解説します。

　公務員試験における教養試験（基礎能力試験）の一般知能系の問題は，基本的には，

　　　　　　　┌ 文章理解…長文の読解力などを試す科目
　　　　　　　├ 判断推理…論理的思考力，推理力，判断力などを試す科目
一般知能 ─────┤
　　　　　　　├ 数的推理…数量的な条件について考える力を試す科目
　　　　　　　└ 資料解釈…表やグラフを正確に読み取る力を試す科目

この4つに分けられます。

　本シリーズは，このうちの判断推理と数的推理を取り上げているわけです。

　では，数的処理，課題処理，空間把握ってなんでしょう？

　数的処理は，判断推理と数的推理を合わせた総称として用いられることもありますが，高卒程度試験や一部の地方自治体では数的推理と同じ意味で使われている場合もあります。

　課題処理は，高卒程度試験において判断推理と同じ意味で使われています。

　空間把握（空間概念）は，判断推理の中の図形問題（特に立体図形）をさしています。

　また，判断推理と数的推理には明確な区分はありません。重複しているテーマが存在しているほか，近年では判断推理と数的推理を融合したような問題も多く見受けられます。

　……とまあいろいろな呼び名があるわけですが，総じて問われているのは，正答を導くための「推理能力」と「情報の処理能力」です。これらは練習を積めば能力を上げることができますので，本書を使って，しっかりとトレーニングしていきましょう！

第 1 章

論理的に
考えよう！

1 対偶を考える問題
～裏の逆は真なり～

　判断推理の問題でよく使われる法則には，対偶と三段論法があります。
「AならばBである」が成り立っているとしましょう。これの対偶「Bでないならば A でない」も成り立っているのです。たとえば，「犬ならば動物である」の対偶は「動物でないならば，犬ではない」です。

　また，三段論法は，「A ならば B である。B ならば C である」が成り立っているとき，「A ならば C である」も成り立っているということです。

　ここでは，これらの法則に慣れることを目的とした問題を解いてみることにします。

　まず，対偶について説明しておきましょう。

> **命題**：ある判断を式や言葉を用いて表したもの。
> 真偽の区別ができ，A → B（A ならば B）と
> 表すことができます。
> **対偶**：命題 A → B に対して $\overline{B} \to \overline{A}$ を，もとの命題の対偶といいます。$\overline{B}$ は，「B でない」という意味です。

対偶をとる
ある命題からその命題の対偶をつくることを「対偶をとる」というよ。

　A → B，$\overline{B} \to \overline{A}$ というような式を，論理式といいます。**命題が真であるならば，その対偶は必ず真です。**

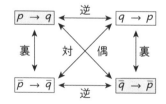

　次に対偶をとる練習をしてみましょう。次の①，②の命題の対偶をとってみてください。

　　① 　A → B かつ C 　　　② 　A → B または C

　①の対偶は $\overline{B}$ かつ $\overline{C} \to \overline{A}$ です。これは $\overline{B}$ または $\overline{C} \to \overline{A}$ となります。
　②の対偶は $\overline{B}$ または $\overline{C} \to \overline{A}$ です。これは $\overline{B}$ かつ $\overline{C} \to \overline{A}$ となります。
　「かつ」と「または」の関係は？という疑問が出たかもしれません。次にその関係を説明しましょう。

BかつCをB，Cの集合で表すと右の図の斜線部分になります。$\overline{\text{BかつC}}$ は斜線のない部分です。

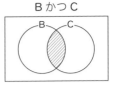

BかつC

$\overline{\text{B}}$ または $\overline{\text{C}}$ の部分は右の斜線部分になります。$\overline{\text{BかつC}}$ と同じ部分です。

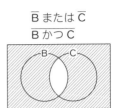

$\overline{\text{B}}$ または $\overline{\text{C}}$
$\overline{\text{BかつC}}$

BまたはCを同様に表すと右の図の斜線部分です。

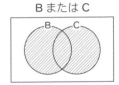

BまたはC

$\overline{\text{BまたはC}}$ は右の図の斜線部分です。これは $\overline{\text{B}}$ かつ $\overline{\text{C}}$ と同じ部分でもあります。

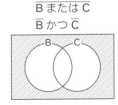

$\overline{\text{BまたはC}}$
$\overline{\text{B}}$ かつ $\overline{\text{C}}$

つまり，$\overline{\text{BかつC}} = \overline{\text{B}}$ または $\overline{\text{C}}$，$\overline{\text{BまたはC}} = \overline{\text{B}}$ かつ $\overline{\text{C}}$ ですね。

とにかく最重要ポイントはこれです。
「A ならば B である」が真なら
　　　　その対偶「B でないならば A でない」も真

補集合とは！？

4つの図のうち、上2つと下2つはそれぞれの補集合になるよ！

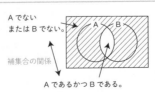

A でない
または B でない。

補集合の関係

A であるかつ B である。

例　題

今年，大学を受験する人にどの学部を希望しているかアンケートを行ったところ，ア～ウのことがわかった。

　　ア：文学部を選んだ人は全員，法学部も選んでいた。
　　イ：経済学部を選んだ人は全員，教育学部も選んでいた。
　　ウ：法学部を選んでいない人は全員，教育学部も選んでいない。
　このとき，確実にいえるものはどれか。

- -

　　1　文学部を選んだ人は全員，教育学部も選んでいた。
　　2　法学部を選んだ人は全員，文学部も選んでいた。
　　3　経済学部を選んだ人は全員，法学部も選んでいた。
　　4　教育学部を選んでいない人は全員，法学部を選んでいない。
　　5　文学部を選んだ人は全員，経済学部を選んでいた。

STEP 1　対偶をとって見やすく！

　問題を解く際に，すべての条件の対偶をとればよいというわけではありません。対偶をとる目的は「条件を理解しやすくする！」です。
　では今回の条件をながめてみます。
　ア：文学部を選んだ人は全員，法学部も選んでいた。
　イ：経済学部を選んだ人は全員，教育学部も選んでいた。
　ウ：法学部を選んでいない人は全員，教育学部も選んでいない。
　これらの条件を見比べると，アとイは比べやすいけれど，アとウ，イとウは比べにくいと思いませんか？　アとイは「選んでいた」とあるのに，ウは「選んでいない」という表現で，表現の仕方が違うのです。
　こういうときに対偶をとるということが解法として役に立ちます。
　ウの対偶をとってみましょう。
　ウの対偶：教育学部を選んだ人は全員，法学部も選んでいた。

ウの条件だけ「否定」だよね。これでは「肯定」であるアやイと矢印を使ってまとめることができないよ。

10

STEP 2　条件を視覚的に表す

条件を矢印を使って表してみましょう。「文学部を選んだ人」を「文」など，頭文字を利用します。

　　　ア：文→法　　イ：経→教　　ウの対偶：教→法

これらをまとめると以下のようになります。

　　　　　　文　→　法
　　　　　　　　　　↑
　　　　　　経　→　教

「文学部を選んだ人」は8文字もあるけど「文」だったら一文字。こっちのほうが楽だよね。

STEP 3　選択肢と照らし合わせる

選択肢を同じく矢印を使って表し，それが上の条件と合うか調べていきます。必要に応じて選択肢のほうも対偶をとりながら，条件を照らし合わせます。

1　文学部を選んだ人は全員，教育学部も選んでいた。
選択肢は「文→教」です。上の図より，「文→法←教」であり，後半部分の矢印が逆向きです。よって「文→教」は確実にはいえません。

2　法学部を選んだ人は全員，文学部も選んでいた。
「法→文」は成り立ちますか？　上の図より「文→法」は成り立ちますが，「法→文」が成り立つとは限らないので確実にはいえません。

3　経済学部を選んだ人は全員，法学部も選んでいた。
「経→法」はいかがですか？　上の図より「経→教→法」ですから「経→法」は矢印通りに進み，確実にいえます。

4　教育学部を選んでいない人は全員，法学部も選んでいない。
この選択肢は対偶をとると考えやすいですね。この選択肢の対偶をとると「法学部を選んだ人は全員，教育学部も選んでいた。」すなわち「法→教」となりますが，上の図では「教→法」であり，確実にはいえません。

5　文学部を選んだ人は全員，経済学部も選んでいた。
「文→経」は上の図を見ると，「文→法←教←経」となっているので矢印通りではなく，確実にはいえません。

よって，正答は3となります。

正答　3

三段論法というよ！
「AならばB」「BならばC」をそれぞれA→B，B→Cとすると，これらをつなげて，A→B→Cが成り立つよ！　この矢印通りに進んでいる命題はすべて真なんだ。

あるクラスで水泳，バレーボール，テニス，野球，弓道，サッカーの6種類のスポーツについてアンケートをとった。次のことがわかっているとき，確実にいえることとして最も妥当なのはどれか。

○ バレーボールが好きではない人は，野球が好きである。

○ テニスが好きな人は，水泳が好きではない。

○ サッカーまたはバレーボールが好きな人は，テニスが好きである。

○ サッカーが好きではない人は，弓道が好きである。

【R3 国家一般職】

- -

1 水泳が好きな人は，弓道が好きである。

2 バレーボールが好きな人は，弓道が好きである。

3 テニスが好きな人は，野球が好きである。

4 野球が好きな人は，水泳が好きである。

5 サッカーが好きな人は，水泳が好きである。

STEP 1 論理式で表す

まずは命題を論理式で表してみましょう。論理式では **「または」は「∨」**，**「かつ」は「∧」** と表します。

命題を上から順に A～D とし，論理式で書き換えてみます。

A バレーボールが好きではない人は，野球が好きである。 …$\overline{バレー} → 野球$

B テニスが好きな人は，水泳が好きではない。 …$テニス → \overline{水泳}$

C サッカーまたはバレーボールが好きな人は，テニスが好きである。

…$サッカー ∨ バレー → テニス$

D サッカーが好きではない人は，弓道が好きである。 …$\overline{サッカー} → 弓道$

 **STEP 2** 論理式をつなげる

　これらまとめてみましょう。C にサッカーとバレーがあるので，A と D を対偶にして「サッカー」「バレー」を肯定に変換して矢印でつなげてみましょう。

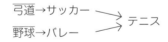

これに B をつなげると次ようになります。

 **STEP 3** 選択肢と照らし合わせる

　選択肢も同様に論理式で表して，上記にあてはまるかチェックします。

1　水泳→弓道　これを対偶にすると「弓道→水泳」になり，あてはまります。

2　バレー→弓道　あてはまらない。

3　テニス→野球　あてはまらない。

4　野球→水泳　あてはまらない。

5　サッカー→水泳　あてはまらない。

よって，正答は **1** です。

> 4 は命題の「裏」だから，必ずしも真ではないんだよ。

　　　　　　　　　　　　　　　　　　　┌─ **正 答** ─┐
　　　　　　　　　　　　　　　　　　　│　　1　　│
　　　　　　　　　　　　　　　　　　　└─────┘

練 習 問 題 2

「バレエを見たことがある人は，オペラを見たことがない」という命題が成立するために必要な命題の組合せはどれか。

ア：バレエを見たことがある人は，ミュージカルを見たことがない。
イ：バレエを見たことがない人は，ミュージカルを見たことがある。
ウ：バレエを見たことがない人は，ミュージカルを見たことがない。
エ：オペラを見たことがある人は，ミュージカルを見たことがある。
オ：オペラを見たことがない人は，ミュージカルを見たことがない。

【H23　市役所】

- -

1　アとエ
2　アとオ
3　イとエ
4　イとオ
5　ウとエ

まず，問題をよく読んでください。「確実にいえるのはどれか」ではありませんよ。「命題が成立するために必要な命題の組合せ」です。

STEP 1　問題をよく読む

「バレエを見たことがある人は，オペラを見たことがない」という命題は，「バレエを見たことがある」を「バ」，「オペラを見たことがない」を「オ̄」とすると，「バ→オ̄」と表すことができます。2つの命題を組み合わせてこれが成り立つということは，「バ→□」と「□→オ̄」を組み合わせて「バ→□→オ̄」とすればよいということです。

$$バ→□$$
$$□→オ̄$$
$$バ→□→オ̄$$

STEP 2　視覚的に表す

アからオの命題を矢印を使って表します。

ア：バレエを見たことがある人は，ミュージカルを見たことがない。…バ→ミ̄
イ：バレエを見たことがない人は，ミュージカルを見たことがある。…バ̄→ミ
ウ：バレエを見たことがない人は，ミュージカルを見たことがない。…バ̄→ミ̄
エ：オペラを見たことがある人は，ミュージカルを見たことがある。…オ→ミ
オ：オペラを見たことがない人は，ミュージカルを見たことがない。…オ̄→ミ̄

🐬 STEP3 | 選択肢と照らし合わせる

　STEP1の式を再度見てみましょう。命題ア〜オの中で前半の「バ→□」となるのは，ア：「バ→$\overline{\text{ミ}}$」しかありません。組合せの前半はこれで決定です（実はこの時点で正答は1と2に限られます）。

　次に後半部分の□→$\overline{\text{オ}}$についてです。□＝$\overline{\text{ミ}}$なので，「$\overline{\text{ミ}}$→$\overline{\text{オ}}$」が後半部分に当たることがわかりますが，ア〜オにこれと同じ命題はありません。対偶をとると，「オ→ミ」となります。これでエの命題と一致しました。

　よって，アとエを組み合わせるので，正答は1となります。

$$
\begin{array}{l}
ア：バ→\overline{\text{ミ}} \\
エの対偶：\quad \overline{\text{ミ}}→\overline{\text{オ}} \\
\qquad\qquad バ→\overline{\text{ミ}}→\overline{\text{オ}}
\end{array}
$$

正　答
1

予定されている集会に関して次の①～④のような条件がある。
① A と B が参加すれば集会は成功する。
② A は月曜日，火曜日は集会に参加できない。
③ B は忙しい日は集会に参加することができない。
④ B は木曜日は忙しい。
　集会は木曜日に行われることに決まった。この結果，_ア②より A は集会に参加することができる。しかし，_イ③，④より，B は集会に参加することができない。したがって，_ウ木曜日の集会には A と B の 2 人がそろって参加するということはない。以上から木曜日の集会は成功しない。
　この記述の下線部ア～ウおよび結論に関して妥当なものは次のうちどれか。

【H13　地方上級】

1　アのみ誤っており，結論も正しくない。
2　イのみ誤っているが，結論は正しい。
3　ウのみ誤っており，結論も正しくない。
4　アとイが誤っているが，結論は正しい。
5　アとウが誤っているが，結論は正しい。

STEP 1 | 対偶を考えながら検証する

　選択肢で問われているのは，下線部ア～ウと結論についての正誤ですから，それらについて 1 つずつ検証していきましょう。

アについて

　②とアの主語は同じなのに，述語の部分は反対のことが述べられています。どういうことかわかりにくいですね。そこで，②の対偶をとってみましょう。

> **ここに注目！**
> 条件を読むときは，「可能性のあること」と「断言できること」を分けて考えよう。

②「A は月曜日，火曜日は集会に参加できない」
　　　　　　　↓対偶をとる
②′「A が参加できるとすれば，月曜日，火曜日以外である」

　ここで注意してほしいのは②の対偶は「A が参加できるのは日曜日，水曜日，木曜日，金曜日，土曜日である」ではないということです。②の内容を表している次の表を見てください。

曜日	日	月	火	水	木	金	土
参加できるか どうか	？	×	×	？	？	？	？

つまり明確なのは月曜日，火曜日に参加できないということだけで，日曜日，水曜日，木曜日，金曜日，土曜日のいずれの日に参加できるかどうかの判断はできないのです。

問題文によると，集会は木曜日に行われます。しかし，上で述べたように，②を根拠としてＡが集会に参加できるとはいえないはずですね。よって，アは誤りとなります。

区別しよう
2つの条件を比べるときは，内容が共通あるいは反対になっている部分に注目してみるといいよ。

イについて

③，④が根拠になっていますから，③と④を見てみましょう。

③「Ｂは忙しい日は集会に参加することができない」

④「Ｂは木曜日は忙しい」

この2つからいえることは次のとおりです。

③＋④「Ｂは木曜日は忙しいので集会に参加することはできない」

集会は木曜日に行われることに決まったので，イは正しいといえます。

ウについて

ＡとＢの2人のことを述べています。

Ａは「アについて」より，木曜日の集会に参加するかどうかはわかりません。

Ｂは「イについて」より，木曜日の集会に参加しないことがわかっています。

つまり，木曜日の集会にＡとＢの2人がそろって参加することはありません。

よって，ウは正しいといえます。

結論について

結論は「集会は成功しない」です。集会の成功する・成功しないに関する条件は①を並べると次のようになります。

結論「集会は成功しない」

①「ＡとＢが参加すれば集会は成功する」

アについて検証した場合と同様に，2つを比べると，主語は同じなのに，述語の部分は反対のことが述べられています。ここでも対偶をとって考えてみましょう。

早合点は禁物
ウを検討した段階で，木曜日の集会にＡとＢの2人がそろうことはないとわかっています。このことと①を見比べて「集会は成功しない」と判断するのは間違いです。

①「AとBが参加すれば集会は成功する」

↓対偶をとる

①'「集会が成功しなかったとすればAまたはBが参加しなかったからである」

①'は「集会が成功しなかった」→「AまたはBが参加しなかった」

という内容です。①'は①の対偶ですから成り立ちます（真である）。しかし，①'
の逆はどうでしょうか。逆は次のようになります。

「AまたはBが参加しなかった」→「集会が成功しなかった」

この逆は成り立ちません。なぜなら，AまたはBが参加しなくても集会が成功
する可能性もあるのです。つまり「AまたはBが参加しなかった」から「集会が
成功しなかった」ということになるとは断定できないのです。よって，「結論」は
正しくありません。

🐬 STEP 2　ア～ウと結論をふまえてをまとめる

以上のことから，ア～ウと結論の正誤をまとめると次のようになります。
ア：誤り，イ：正しい，ウ：正しい，結論：誤り
これに該当する選択肢は1です。

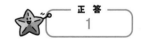

正答
1

練 習 問 題 4

ある市町村の各地区について調査したところ，次のことがわかった。これから論理的に確実にいえるのはどれか。

○ 公民館を有する，または，図書館を有しない地区は，診療所を有しない，または，面積が 1.0km² 以上である。

○ 人口が 1,000 人以上，または，面積が 1.5km² 以上である地区は，診療所を有する。

○ 人口が 1,200 人未満である地区は，公民館を有しない。

【H30　国家一般職】

1　公民館を有する地区は，面積が 1.0km² 以上である。

2　診療所を有する地区は，面積が 1.5km² 以上である。

3　図書館を有しない地区は，人口が 1,200 人以上である。

4　面積が 1.5km² 以上である地区は，図書館を有する。

5　人口が 1,200 人未満である地区は，面積が 1.0km² 以上である。

STEP 1　論理式で表す

まずは命題を論理式で表してみましょう。

命題を上から順に A〜C とし，論理式で書き換えてみます。

A　公民館∨図書館→診療所∨面積 1.0km² 以上

B　人 1,000 人以上∨面積 1.5km² 以上→診療所

C　人 1,200 人未満→公民館

STEP 2　論理式を矢印を使ってまとめる

C の対偶を作り，A の矢印の前部分を分解してまとめてみましょう。このとき注意しなければいけないのが「かつ（∧）」や「または（∨）」がついた命題です。「P ∧ Q → R」は P と Q の両方が満たされて R になります。ですから，この命題を「P → R」と「Q → R」に分解することはできません。「P → Q ∨ R」も同様に「P → Q」と「P → R」に分解することはできないのです。例えば「雨が降るならば傘またはカッパを持っていく」という命題があったとき，「雨が降るならば傘を持っていく」と分解してしまったら，別にカッパを持っていってもよかったのに傘に限定してしまっているので，最初の命題から内容が変わってしまっています。このように「ならば（→）」の前に「かつ」がついているときと，「ならば（→）」の後に「または」がついているときは分解することはできないのです。

以上のことをふまえて，論理式をまとめると次のようになります。

公民館 ⟶ 人 1,200 以上

図書館 ⟶ 診療所∨面1以上

🐬 **STEP 3** 命題をもとに新たな命題が作れないか確認！

　この問題は命題に値を含んでいます。この値をもとに別の命題が隠れていないか考えてみましょう。人口が 1,200 人以上であれば，必ず 1,000 人以上であるともいえますよね。だったら「人 1,200 以上→人 1,000 以上」は必ずいえることになります。これを利用して B を分解してつなげると，以下のようになります。

公民館 ⟶ 1,200 人以上 ⟶ 1,000 人以上 ⟶ 診療所

図書館 ⟶ 診療所∨面積 1.0km² 以上

面積 1.5 以上

　この論理式より公民館を有する地区は診療所を必ず有するので，A より公民館を有する地区は面積が 1.0km² 以上であることがいえます。
　よって，正答は 1 です。

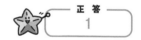

「人 1,000 以上→人 1,200 以上」ではないから注意しよう。例えば1,100 人なら誤りになるよね。

正答
1

2 集合を考える問題

～ベン図は便利！～

ここでは，ベン図を使って解く問題を扱います。異なる属性の人々の包含関係や含まれる人数が問われる場合に威力を発揮します。ベン図のつくり方には慣れておきましょう。

例　題

ある町の子供会が遊園地に出かけた。遊園地にある遊具施設のうち，少なくともだれかが乗ったA，B，C，Dの4種類の遊具について，子供たちに尋ねたら次のことがわかった。

　ア　遊具Cに乗った子供は遊具Aにも乗った。
　イ　遊具Bに乗らなかった子供は遊具Dにも乗らなかった。
　ウ　遊具Bと遊具Cの両方に乗った子供はいなかったが，遊具Aと遊具Dの両方に乗った子供はいた。

これらのことから確実に誤っているといえるものは，次のうちどれか。

【H11　市役所】

- -

1　これら4種類の遊具のうち1種類だけに乗った子供はいない。
2　これら4種類の遊具のうちAとBの2つだけに乗った子供はいない。
3　これら4種類の遊具のうちAとCの2つだけに乗った子供はいない。
4　これら4種類の遊具のうち3種類に乗った子供はいるが，4種類ともに乗った子供はいない。
5　遊具Cと遊具Dの両方に乗った子供はいない。

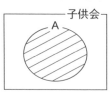

　ベン図とは，ある命題の集合範囲と集合関係を視覚的に図で表したものです。下のような図を見たことがあると思いますが，こういう図をベン図といいます。

　たとえば，下のベン図の斜線部分は，遊具Aに乗った子供を表し，それ以外の部分（外側）は，遊具Aに乗らなかった子供を意味しています。

子供会
A

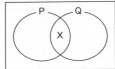

左のベン図では，Pでもあり，QでもあるのがXの部分で共通部分になるよ。

STEP 1　ベン図で条件を表してみる

　条件アの「遊具Cに乗った子供は遊具Aにも乗った」を考えてみましょう。遊具Cに乗った子供は全員遊具Aにも乗ったのですね。しかし，遊具Aに乗った子供は全員が遊具Cに乗ったでしょうか。乗った子供がいるかもしれませんし，乗らなかった子供がいるかもしれません。これをベン図で表すと，次のようになります。

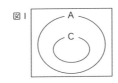

　このベン図の意味を考えてみましょう。

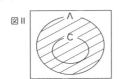

　図Ⅱの斜線部分の意味は，遊具Cに乗った子供を含んだ遊具Aに乗った子供，図Ⅲの斜線部分は遊具Aには乗ったが，遊具Cには乗らなかった子供を表しています。
　続いて，条件イは対偶をとってわかりやすくしてみましょう。「遊具Dに乗った子供は遊具Bにも乗った」です。これをベン図に表すと，次のようになります。

対偶について
「Bでないならば， Dではない」の対偶は「DならばBである」となるよ。

　条件ウの前半に「遊具Bと遊具Cの両方に乗った子供はいなかった」とありますから，BとCのベン図が交わる部分はありません。また，条件ウの後半で「遊具Aと遊具Dの両方に乗った子供はいた」ということですから，AとDのベン図は交わりますね。これらの条件を加えると，ベン図は次のようになります。

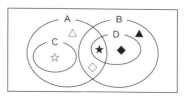

　ベン図の各部分に入る子供が存在するかどうかを確認してみましょう。アから☆，ウから★に入る子供は確実に存在します。

STEP 2　選択肢を検証してみる

1　これら 4 種類の遊具のうち 1 種類だけに乗った子供はいない。

　1 種類だけに乗った子供が入る部分は，△と▲です。ここに該当する子供がいるかいないかは与えられた条件から判断することはできません。

> **コツを伝授**
> ベン図のどの部分が明確で，どの部分が明確ではないのかをはっきりさせることが超重要！

2　これら 4 種類の遊具のうち A と B の 2つだけに乗った子供はいない。

　A と B の 2 つだけに乗った子供は◇に入ります。この部分に入る子供がいるかいないかも判断できません。

3　これら 4 種類の遊具のうち A と C の 2 つだけに乗った子供はいない。

　A と C の 2 つだけに乗った子供は☆に入ります。「少なくともだれかが乗った」という条件があるので，☆にだれかいないと C に乗った子供がいなくなってしまいます。ですから，ここに入っている子供は確実に存在するので，この選択肢の内容は誤りです。

4　これら 4 種類のうち 3 種類に乗った子供はいるが，4 種類ともに乗った子供はいない。

　4 種類のうち 3 種類に乗った子供が入る部分はベン図が 3 つ重なっているところで，それは★です。ここには条件ウから確実に存在しています。次に 4 種類ともに乗った子供が入る部分ですが，4 つのベン図が重なっているところがありません。つまり，この選択肢の内容は正しいものになっています。

5　遊具 C と遊具 D の両方に乗った子供はいない。

　C と D のベン図が重なっている部分はありませんから，これは正しく，確実に正しいということができます。

　解答は，**確実に誤っているもの**を選ぶように指示されていますから，正答は 3 です。

正　答
3

> **正しいものを選ぶばかりではない**
> 問題をよく読んで！「確実に誤っているといえるもの」を選ぶんだよ。

練 習 問 題 1

ある幼稚園の園児に，犬，猫，象，ペンギンのそれぞれについて，「好き」または「好きでない」のいずれであるかを尋ねた。次のことがわかっているとき，確実にいえるのはどれか。
- ○ 犬が好きな園児は，猫が好きでない。
- ○ 象が好きな園児は，ペンギンも好きである。
- ○ 猫が好きな園児の中には，象も好きな園児がいる。
- ○ 象が好きな園児の中には，犬も好きな園児がいる。

【R元　国家専門職】

- **1** ペンギンだけが好きな園児がいる。
- **2** ペンギンが好きな園児は，犬，猫，象のいずれも好きである。
- **3** 犬が好きでない園児は，象も好きでない。
- **4** 犬も猫もどちらも好きでない園児は，象とペンギンのどちらも好きである。
- **5** 犬が好きな園児の中には，ペンギンも好きな園児がいる。

STEP1　命題をチェックする

命題をよく読むと，3つ目と4つ目の命題が「○○の中には，△△がいる。」という形になっています。これは存在を表している**存在命題**と呼ばれるものです。これは，論理式に変換することができないので，ベン図で表すことにします。

STEP2　ベン図でまとめる

1つ目と2つ目の命題をベン図で表すと，次のようになります。

犬が好きな園児は，猫が好きでない。

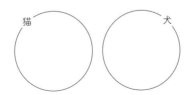

象が好きな園児は，ペンギンも好きである。

「PならばQ」はベン図で表すと，

になるよ。

これら2つのベン図を合体させます。次のように交わる点の数が最大になるような図にしましょう。

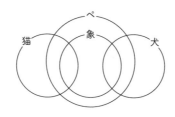

🐬 STEP3 | 存在命題を反映させる

3つ目と4つ目の命題より，確実に存在しているといえる部分を斜線にします。

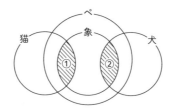

ベン図から①と②の部分は確実に存在することがわかりました。選択肢を検討すると**5**の，「犬が好きな園児の中には，ペンギンも好きな園児がいる。」が②の部分にあたるため，確実に存在するといえます。
よって，正答は**5**です。

正答
5

練 習 問 題 2

あるクラスでは A，B，C のテストを実施し，その正解者の数は図のようになっている。次の人数がわかっているとき，3問すべてに正解した人数がわかるには，あと何の人数がわかればよいか，妥当なものを選べ。
・A を正解した人数
・A のみを正解した人数
・B と C を正解した人数

【R2　地方上級】

1　A と B を正解した人数
2　A と C を正解した人数
3　B を正解した人数
4　2問のみ正解した人数
5　1問のみ正解した人数

STEP 1　式を作る準備をする

　問題の3つの条件を，式で表すことにしましょう。そのためにベン図の区画1つ1つに $a \sim e$ を置いて，ベン図のどの部分にあたるのかわかりやすくしましょう。

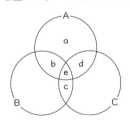

「3問すべて正解した人」は e だね。

STEP 2　書き込んだ記号を利用して式を作る

　3つの条件を式で表すと次のようになります。
・A を正解した人数　　$\cdots a + b + d + e$（①）
・A のみを正解した人数　　$\cdots a$（②）
・B と C を正解した人数　　$\cdots c + e$（③）

STEP 3 | 式を変形して足りないものを探す

①と③を足してみましょう。

$a + b + c + d + 2e$

これから②を引くと次のようになります。

$b + c + d + 2e$

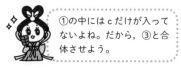

①の中には c だけが入ってないよね。だから，③と合体させよう。

この式から2問のみ正解した人数である $b + c + d$ を引けば $2e$ が求められ，2で割れば全問正解者数がわかります。

よって，正答は **4** です。

正答
4

③ 真偽を確かめる問題

～グループ分けで解決！～

　ここでは「ウソつき」と「正直者」のグループに分けて考える解答を紹介しましょう。他のだれか1人に対して「○○は正直者だ」「○○はウソつきだ」といった発言があるときに有効な方法です。

例　題

　A～Eの5人が次のように述べているとき，確実にいえるのはどれか。

　ただし，5人はそれぞれ正直者またはウソつきのいずれかであり，ウソつきは発言中の下線部分が虚偽であるものとする。

A：「Bはウソつきである。」
B：「Cはウソつきである。」
C：「Dはウソつきである。」
D：「Eはウソつきである。」
E：「AとBは2人ともウソつきである。」

【H27　国家専門職［大卒］】

- -

1　Aは正直者である。
2　Dは正直者である。
3　Eは正直者である。
4　ウソつきは2人である。
5　ウソつきは4人である。

　A「Bは正直者」　　　　B「Cはウソつき」
　AとBがこのような発言をしたとき，ウソつきが1人いるとしたらだれでしょうか。

　3人を「正直者グループ」と「ウソつきグループ」に分けることを考えます。
　Aの発言に注目します。Aが「正直者グループ」だったら，Aの発言は正しいのでBは正直者となり，AはBとともに「正直者グループ」です。Aが「ウソつきグループ」だったら，「Bは正直者」がウソなので，Bはウソつきになり，AはBとともに「ウソつきグループ」となります。どちらにしても，AとBは同じグループになるのがわかります。
　次にBの発言を考えます。Bが「正直者グループ」だったらCは「ウソつきグ

30

ループ」です。B が「ウソつきグループ」だったら「C はウソつき」がウソなので，C は「正直者グループ」になります。よって，B と C は別のグループになります。

　よって，A と B が同じグループで C は別のグループです。これを以下のように表します。

$$(AB) \times C$$

　ウソつきは 1 人ですから，C のほうが「ウソつきグループ」で，2 人いる AB のほうが「正直者グループ」だとわかります。よって，ウソつきは C となります。

> 「正直者グループ」と「ウソつきグループ」のグループ分け
> 　　A「B は正直者」→ A と B は同じグループ
> 　　B「C はウソつき」→ B と C は別グループ

では例題を解いてみましょう。

STEP 1　ウソつきと正直者のグループ分け

　それぞれの発言からグループ分けをします。ただし，E は A と B の 2 人について発言しているので後回しにします。

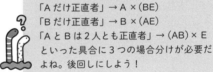

なんで E は後回し？
E がウソつきの場合，
「A だけ正直者」→ A ×（BE）
「B だけ正直者」→ B ×（AE）
「A と B は 2 人とも正直者」→（AB）× E
といった具合に 3 つの場合分けが必要だよね。後回しにしよう！

　A：「B はウソつき」→ A × B
　B：「C はウソつき」→ B × C
　C：「D はウソつき」→ C × D
　D：「E はウソつき」→ D × E

　これらをまとめると，（ACE）×（BD）になります。どちらのグループが「ウソつき」か「正直者」かはわかりません。

STEP 2　残りの発言も考える

　次に E の発言を見ると「A と B は 2 人ともウソつき」と言っています。A と B は別のグループなので，E の発言はウソですね。E が属するほうが「ウソつき」のグループであることが判明しました。

　　　　　ウソつき（ACE）×（BD）正直者

STEP 3 選択肢を吟味する

    1   A はウソつきなので誤り。

    2   D は正直者なので正しい。

    3   E はウソつきなので誤り。

    4，5   ウソつきは 3 人いるので誤り。

よって正答は 2 です。

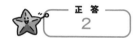

正   答
2

別解

A が正直者かウソつきかで場合分けをして考えると…

A は正直者…仮定
↓
B はウソつき
↓
C は正直者
↓
D はウソつき
↓
E は正直者
↓
A と B ウソつき…矛盾

A はウソつき…仮定
↓
B は正直者
↓
C はウソつき
↓
D は正直者
↓
E はウソつき
↓
A がウソつき，B が正直者で矛盾なし

練 習 問 題 1

ある1人の子供を見てA〜Eの5人が次のように発言した。

A　「赤い上着を着ている」
B　「青い帽子をかぶっている」
C　「白いズボンをはいている」
D　「茶色のクツを履いている」
E　「黒いズボンをはいている」

さらに、これらの発言についてそれぞれが次のように発言した。

A　「Dはウソをついている」
B　「Cはウソをついている」
C　「ウソをついているのは2人いる」
D　「Bはウソをついている」
E　「Aはウソをついている」

ウソをついている人は2つの発言ともウソをついている。このとき、A〜Eの発言の真偽について正しいものはどれか。

【H11　市役所】

1　Aはウソをついている。
2　Bはウソをついている。
3　ウソをついているのは1人だけである。
4　ウソをついているのは2人いる。
5　ウソをついているのは3人いる。

　判断推理の問題では、正答を出すために何が必要なのかを、問題を読んだ時点でしっかり把握しておかなくてはなりません。

　5人の1つ目の発言は「ある1人の子供の服装」について述べていますが、選択肢では子供の服装は問われていません。

　この問題の選択肢はウソつきの人数または、特定の人（A、B）の発言がウソかどうかです。このような問題では、**5人を正直者グループとウソつきグループに分けさえすれば、正答を導くことができます。**

STEP 1 ウソつきと正直者のグループ分け

A，B，D，Eの4人の2つ目の発言はすべて，

「●はウソをついている」

です。5人を正直者グループとウソつきグループに分けましょう。

Aの発言より，A × D

Bの発言より，B × C

Dの発言より，B × D

Eの発言より，A × E

4つをまとめると，(A，B)×(C，D，E) となり，AとBが同じグループ，CとDとEが同じグループであることがわかりました。

STEP 2 矛盾を見つける

step 1で分けたグループをABグループ，CDEグループとして，1つ目の発言を2つのグループに分けます。

```
────── AB グループ ──────
A 「赤い上着を着ている」
B 「青い帽子をかぶっている」
```

```
────── CDE グループ ──────
C 「白いズボンをはいている」
D 「茶色のクツを履いている」
E 「黒いズボンをはいている」
```

ここで，CDEグループの発言を見ると，ズボンの色に関する発言が2つあることに気づきます。これらの発言は「ある1人の子供」の服装についての発言なので，CDEグループの発言が正しいなら，CとEの発言が矛盾することは明らかです。したがって，CDEグループはウソ，ABグループが正直者となり，ウソをついているのは3人です。

正答
5

練 習 問 題 2

A～Fの6人がⅠ，Ⅱの2つのクラスに3人ずつ分かれている。どちらのクラスにも1人または2人のウソつきがおり，6人はそれぞれ次のように述べている。このとき，確実にいえるものはどれか。

なお，ウソつきはその発言の内容がすべてウソであるとする。

A「私のクラスで本当のことを述べているのは1人だけである」
B「私のクラスで本当のことを述べているのは1人だけである」
C「私はEと同じクラスである」
D「Aが言っていることはウソである」
E「私はDと同じクラスである」
F「Bが言っていることはウソである。Dが言っていることは正しい」

【H12 市役所】

- -

1 AとBは同じクラスである。
2 BとCは異なるクラスである。
3 CとDは同じクラスである。
4 DとEは同じクラスである。
5 EとFは異なるクラスである。

たくさん発言がありますが，ウソつきと正直者のグループ分けをして，一つ一つ整理していきましょう。

STEP 1 ウソつきと正直者のグループ分け

グループ分けに有効なDとFの発言から見ていきます。Dの発言から，DとAは別グループ，Fの発言からFとBは別グループ，FとDは同じグループです。まとめると，（AB）×（DF）となります。CとEについてはまだわかりません。

STEP 2 場合分けをして矛盾を探す

（AB）がウソつきグループと仮定します。AとBの発言がウソになるので，Aのクラスで正直者は2人，Bのクラスも正直者は2人になります。これでAとBは別のクラスだとわかります。

A：ウソ 正直者 正直者

Aのクラス

B：ウソ 正直者 正直者

Bのクラス

AとB以外は正直者なので，CとEの発言より，CDEの3人は同じクラスにな

り，１つのクラスが４人になってしまい矛盾
します。

ＡとＢが同じクラスだった
らＡとＢ以外に正直者が２
人いるので，４人が同じクラ
スになり NG になるよ。

STEP 3 仮定を変える

　次に（AB）が正直者グループだと仮定します。ＡとＢの発言により，Ａのクラ
スもＢのクラスも正直者が１人なので，この場合もＡとＢは別クラスです。

A：正直者　ウソ　ウソ
Aのクラス

B：正直者　ウソ　ウソ
Bのクラス

　ＡとＢ以外はウソつきなので，ＣとＥの発言よりＣとＥは別のクラスでＤとＥ
も別クラスになります。すなわち，ＣとＤ，ＥとＦが同じクラスになります。これ
以上条件はないので，どちらがＡのクラスでどちらがＢのクラスかまではわかり
ません。

パターン１ 　A：正直者　C：ウソ　D：ウソ　　　　B：正直者　E：ウソ　F：ウソ
　　　　　　　Aのクラス　　　　　　　　　　　　　　Bのクラス

パターン２ 　A：正直者　E：ウソ　F：ウソ　　　　B：正直者　C：ウソ　D：ウソ
　　　　　　　Aのクラス　　　　　　　　　　　　　　Bのクラス

STEP 4 選択肢を吟味する

「確実にいえる」とはパターン１と２のどちらでもあてはまる場合です。
1　ＡとＢは別のクラスであるから誤り。
2　確実にはいえないので誤り。
3　どちらのパターンでも正しい。
4　どちらのパターンでも別のクラスであるから誤り。
5　ＥとＦは同じクラスであるから誤り。
よって，正答は３となります。

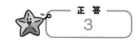

正答
3

第**2**章

表を使って
まとめよう！

4 対応表の問題①

～2集合の対応は○と×～

ここでは，2つの集合の対応関係を条件から推理していく問題を取り上げます。ポイントは対応表に「○」「×」を記入して，条件をまとめることです。では例題を解いてみましょう。

例　題

　A〜Eの5人は，それぞれ異なる種類の犬を1匹ずつ飼っている。犬の種類はチワワ，プードル，ダックスフント，ポメラニアン，柴犬である。ある日5人は自分の犬を連れて散歩に行った。この5人に関して次のことがわかっているとき，確実にいえるのはどれか。

　なお，以下の登場人物には，A〜E以外の者は含まれていない。

○ Aは，ダックスフントを連れた人とポメラニアンを連れた人に会ったが，Cには会わなかった。

○ Bは，柴犬を連れた人に会ったが，Aには会わなかった。

○ Cは，チワワを連れた人に会った。

○ Eは，チワワを連れた人に会ったが，Dには会わなかった。

【H26　国家専門職［大卒］】

- -

1　Aは，チワワを飼っている。

2　Bは，プードルを連れた人に会った。

3　Cは，柴犬を飼っている。

4　Dは，ポメラニアンを連れた人に会った。

5　Eは，プードルを飼っている。

STEP 1　ひとつずつ条件を表にまとめる

　この問題の条件は「○○は△△に会った」「○○は△△に会わなかった」の他に，「○○は□□（犬種）を連れた人に会った」などという条件があります。この条件にはどういう意味があるのでしょう。

　最初の条件の「Aはダックスフントを連れた人とポメラニアンを連れた人に会ったが，Cには会わなかった」について考えます。前半部分を考えると，Aはダックスフントを連れた人とポメラニアンを連れた本人ではない，つまりAはダックスフントとポメラニアンを飼っていないことがわかります。

　さらに後半部分を考えると，AはCに会わなかったので，Cもダックスフント

を連れた人とポメラニアンを連れた本人ではない，
つまり C もダックスフントとポメラニアンを飼っ
ていないことがわかります。これらを下の表のよう
にまとめます。

同一の文に出てくる
人物は別人物だよ！

	チワワ	プードル	ダックス フント	ポメラ ニアン	柴犬
A			×	×	
B					
C			×	×	
D					
E					

　次の条件「B は柴犬を連れた人に会ったが，A には会わなかった」から，B と A
は柴犬を飼っていないことがわかります。
　同様に，3 番目と 4 番目の条件から，C，D，E はチワワを飼っていないことが
わかります。ここまでで次の表のようになります。

	チワワ	プードル	ダックス フント	ポメラ ニアン	柴犬
A			×	×	×
B					×
C	×		×	×	
D	×				
E	×				

STEP 2　複数の条件を同時に見る

　step 1 では，それぞれの条件を単独で見ましたが，今度は複数の条件を同時に
考えます。
　最初の条件「A は C に会わなかった」と，3 番目の条件「C はチワワを連れた
人に会った」を考えると，A はチワワを連れていないことがわかります。

条件の見方
C を主語にして考えると，
「C は A に会わなかった」
「C はチワワ連れに会った」
となるので，A はチワワ連れで
はないということだね。

よって，A はプードル，B はチワワを飼っており，C は柴犬を飼っていることが
わかります。

	チワワ	プードル	ダックス フント	ポメラ ニアン	柴犬
A	×	○	×	×	×
B	○	×	×	×	×
C	×	×	×	×	○
D	×	×			×
E	×	×			×

ダックスフントとポメラニアンは D と E のいずれかが飼っていますが，どちら
かは確定しません。

もう少し詳しく…

タテとヨコに○は1つだけ入ります。
よって，「A チワワ＝×」ならば，「A プードル＝○」「B チワワ＝○」となります。

そして，「A プードル＝○」と「B チワワ＝○」により，それぞれタテとヨコの×が決まります。

「C 柴犬＝○」が入り，そのタテが×に決まります。

	チ	プ	ダ	ポ	柴
A	×	○	×	×	×
B	○				×
C	×		×	×	
D	×				
E	×				

	チ	プ	ダ	ポ	柴
A	×	○	×	×	×
B	○	×	×	×	×
C	×	×			
D	×				
E	×	×			

	チ	プ	ダ	ポ	柴
A	×	○	×	×	×
B	○	×	×	×	×
C	×	×	×	×	○
D	×				×
E	×	×			×

🐬 STEP 3　選択肢を吟味する

1　A はプードルを飼っています。
2　B はプードルを飼っている A には会っていません。
3　正しい。
4　D 自身がポメラニアンを飼っている可能性があるので確実にはいえません。
5　E はプードルを飼っていません。
よって正答は3となります。

正答
3

練 習 問 題 1

A〜Eの学生5人における政治学，経済学，行政学，社会学，法律学の5科目の履修状況について次のことがわかっているとき，確実にいえるのはどれか。

- ○ 5人が履修している科目数はそれぞれ3科目以内である。
- ○ 政治学を履修している者は2人いる。
- ○ 経済学を履修している者は2人おり，そのうちの1人はAである。
- ○ 行政学を履修している者は3人おり，そのうちの1人はAである。
- ○ 社会学を履修している者は3人おり，そのうちの2人はAとDである。
- ○ 法律学を履修している者は4人いる。
- ○ AとEが2人とも履修している科目はない。
- ○ Cは政治学も社会学も履修していない。

【H25　国家一般職［大卒］】

- **1** Bは政治学を履修していない。
- **2** Bは行政学を履修していない。
- **3** Cは経済学を履修していない。
- **4** Dは経済学を履修していない。
- **5** Dは行政学を履修していない。

対応表のタテとヨコの○の数に注目しながら解いていきましょう。

🐬 STEP 1 | 対応表に記入

条件を上から順に①〜⑧とします。以下のように対応表を作成し，条件を記入していきましょう。

	政治学	経済学	行政学	社会学	法律学	計
A		○	○	○		
B						
C	×			×		
D				○		
E						
計	2	2	3	3	4	

○×をつけるコツは？
数字と○×の数をニラメッコしよう。
タテに見てヨコに見て，またタテに見て…と繰り返そう。

STEP 2　人数などの条件から対応表を完成

　表をヨコに見ていきます。Aはすでに○が3個ついているので，①よりAの履修科目はこれで決定です。そうすると，⑦より，Aの履修している経済学，行政学，社会学をEは履修していないことがわかります。

　他に履修科目数で得られるヒントはなさそうですので，今度は科目ごとの人数をタテに見ていきましょう。

　社会学に注目です。3人が履修しているところからBの○が決定，同様に法律学の履修人数からB～Eの4人の○が決まります。ここまでで以下のようになります。

	政治学	経済学	行政学	社会学	法律学	計
A	×	○	○	○	×	3
B				○	○	
C	×			×		
D				○	○	
E		×	×	×	○	
計	2	2	3	3	4	

STEP 3　のべ人数からさらに考える

　この後は場合分けか？と思った人いませんか？

　まだ使える条件があります。それは「のべ人数」です。各科目の履修人数を加えると14人になります。Aは3科目決定し，Eは最大で2科目しか履修できません。よって，残りは，14－(3＋2)＝9科目で，BからDの3人は各3科目履修し，Eは2科目履修していることがわかります。

　Cの経済学，行政学が○，BとDの経済学が×，Eの政治学が○…と，どんどん埋まっていきます。残念ながらBとDの政治学と行政学については決定できません。

	政治学	経済学	行政学	社会学	法律学	計
A	×	○	○	○	×	3
B		×		○	○	3
C	×	○	○	×	○	3
D		×		○	○	3
E	○	×	×	×	○	2
計	2	2	3	3	4	

STEP 4 選択肢を検証する

1，2，5は確実にはいえず，3は誤りです。4は確実にいえます。よって正答は4です。

正　答
4

練 習 問 題 2

A～Fの6人が，コンビニエンスストアで梅干し，たらこ，さけ，昆布の4種類のおにぎりのうち，種類の異なるものを2個ずつ買った。今，次のア～カのことがわかっているとき，確実にいえるのはどれか。

ア　6人が買ったおにぎりの組合せは，それぞれ異なっていた。
イ　Aは，たらこを買った。
ウ　B，E，Fは，同じ種類のおにぎりを1個買った。
エ　Cは，Fが買ったおにぎりと同じ種類のものを買わなかった。
オ　Dは，梅干しとさけを買った。
カ　Eは，梅干しを買った。

【H16　特別区】

- -

1　Aの買ったおにぎりの一つは，梅干しであった。
2　Bは，たらこと昆布を買った。
3　Cは，たらことさけを買った。
4　Eの買ったおにぎりの一つは，さけであった。
5　Fは，梅干しと昆布を買った。

 STEP1 対応表に合計数を記入

　A～Fの6人がおにぎりを2個ずつ買ったのですから，おにぎりの合計は12個です。また，条件アよりA～Fが買ったおにぎりの組合せはそれぞれ違うのですから，それぞれのおにぎりは3個ずつとなります。

　したがって，表に合計数を入れると次のとおりになります。

	A	B	C	D	E	F	計
梅							3
た							3
さ							3
昆							3
計	2	2	2	2	2	2	12

 表の見方
タテの合計，ヨコの合計の両方に気を配ること。また，その合計から逆に考えていくと，表の空欄に○あるいは×のどちらかが入ると自動的に決まる場合もあるよ。

STEP 2　対応表を完成させる

条件イ「A は，たらこを買った」
条件オ「D は，梅干しとさけを買った」
条件カ「E は，梅干しを買った」を書き入れます。

	A	B	C	D	E	F	計
梅				○	○		3
た	○			×			3
さ				○			3
昆				×			3
計	2	2	2	2	2	2	12

　B, E, F が買ったおにぎりがさけ
だと，D と E が同じ組合せになりま
す。

　B, E, F が買ったおにぎりがたらこ
だと，A，B，E，F のうち 2 人が同じ
組合せになります。

　B, E, F が買ったおにぎりが梅干し
だと，B，D，E，F のうち 2 人が同じ
組合せになります。

　よって，B，E，F が買ったおにぎ
りは昆布とわかります。同じように，

> **3 個ずつ買われたとなぜわかるのか**
> 4 つのものから 2 つのものを選ぶ組
> 合せは全部で 6 通りだね。
> （梅，た），（梅，さ），
> （梅，昆），（た，さ），
> （た，昆），（さ，昆）
> 条件アより，6 人の組合せはそれぞ
> れ異なるので，上の 6 通りが割り振
> られることになるよ。
> その 6 通りを見ると，4 種類が 3 個
> ずつ買われるとわかるね。

ある種類のおにぎりを買った人が 4 人以上いると，その中に必ず同じ組合せの人が
出てくるので，ある種類のおにぎりを買った人は，必ず 3 人であることがわかりま
す。表は次のようになります。

	A	B	C	D	E	F	計
梅				○	○		3
た	○			×	×		3
さ				○	×		3
昆	×	○	×	×	○	○	3
計	2	2	2	2	2	2	12

　残った条件はエの「C は，F が買ったおにぎりと同じ種類のものを買わなかった」
です。これを表に反映させると次の 3 通りの表が考えられます。

a

	A	B	C	D	E	F	計
梅	×	×	○	○	○	×	3
た	○		○	×	×	×	3
さ			×	○	×	○	3
昆	×	○	×	×	○	○	3
計	2	2	2	2	2	2	12

b

	A	B	C	D	E	F	計
梅	×	×	○	○	○	×	3
た	○		×	×	×	○	3
さ			○	○	×	×	3
昆	×	○	×	×	○	○	3
計	2	2	2	2	2	2	12

c

	A	B	C	D	E	F	計
梅	×	×	×	○	○	○	3
た	○		○	×	×	×	3
さ			○	○	×	×	3
昆	×	○	×	×	○	○	3
計	2	2	2	2	2	2	12

表の b, c は同じ組合せがあるので, a のみが考えられます。a をすべてうめた表が下の表です。

a

	A	B	C	D	E	F	計
梅	×	×	○	○	○	×	3
た	○	○	○	×	×	×	3
さ	○	×	×	○	×	○	3
昆	×	○	×	×	○	○	3
計	2	2	2	2	2	2	12

STEP 3 | 対応表をもとに選択肢を検証する

　表と選択肢を比べて正答を探します。B がたらこと昆布を買っています。したがって，確実にいえることは選択肢の **2** です。

正　答
2

　次は，合計の数が固定されない場合の問題です。そうではあっても，やはり合計の数から推理していく方法が基本です。

A〜Eの5人に野球，サッカー，テニス，水泳，バレーボールをやっているかどうかを尋ねた。全員がこれらのうち2，3種類のスポーツをやっていた。

・Aを含めて3人が野球をやっていた。
・Aは3種目のスポーツをやっていた。
・B，Dを含めて3人がサッカーをやっていた。
・Cを含めて2人がテニスをやっていた。
・Dを含め2人が水泳をやっていた。
・Eを含め3人がバレーボールをやっていた。
・Bは水泳，バレーボールをやっていない。
・AとEは同じスポーツをやっていない。
このとき確実にいえることはどれか。

【H14　市役所】

- -

1 Aはサッカーをやっている。
2 Bはテニスをやっていない。
3 Cはバレーボールをやっていない。
4 Dはテニスをやっている。
5 Eは水泳をやっている。

STEP 1　対応表に合計数を記入

	野	サ	テ	水	バ	計
A						3
B						2か3
C						2か3
D						2か3
E						2か3
計	3	3	2	2	3	13

　この問題では上のような表を使いますが，B〜Eの合計には2あるいは3が入ります。

確定しなくても書く
2〜3という確定されない数字が合計数になるけれど，これも解法の手がかりになる重要なポイントなので，できるだけ工夫して表に書き入れよう。
条件に無駄なものはないよ！

STEP 2 対応表を完成させる

さあ，条件から明確にわかることをすべて書き入れてみましょう。

Eがどのスポーツをやっているかは条件に書かれていませんが，「AとEは同じスポーツをやっていない」という条件から，「Eは野球をやっていない」「Aはバレーボールをやっていない」ということができます。

表は，次のようになりますね。

	野	サ	テ	水	バ	計
A	○				×	3
B		○		×	×	2か3
C			○			2か3
D		○		○		2か3
E	×				○	2か3
計	3	3	2	2	3	13

バレーボールのタテの欄を見ると，バレーボールの合計が3なので，空欄には○が入るとわかります。

また，Dは○が3つ入りましたから，残りのスポーツはやっていないことがわかります。

次に野球のタテの欄を見ると，野球の合計が3なので，BとCは野球をやっているといえます。

この段階までくると，1人当たりの種目数が最大で3だから，Cがサッカーと水泳をやっていないとわかります。

表に記入すると，次のようになります。

	野	サ	テ	水	バ	計
A	○				×	3
B	○	○		×	×	2か3
C	○	×	○	×	○	3
D	×	○	×	○	○	3
E	×				○	2か3
計	3	3	2	2	3	13

全員がやっているスポーツの合計が13だから，BとEの合計は，ともに2種類とわかります。したがって，Bのテニスが×であるとわかります。

第2章 表を使ってまとめよう！

49

	野	サ	テ	水	バ	計
A	○				×	3
B	○	○	×	×	×	2
C	○	×	○	×	○	3
D	×	○	×	○	○	3
E	×				○	2
計	3	3	2	2	3	13

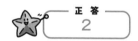

STEP3 対応表をもとに選択肢を検証する

　STEP2で得られた表をもとにすると，選択肢の**1**と**5**はその可能性はありますが，そうでない可能性もありますから確実にはいえません。**3**と**4**は誤りです。よって，正答は**2**です。

正　答
2

5 対応表の問題②

～3集合以上の集合はくっつける～

　2つの集合は対応表を使用してまとめましたが、3つ以上の集合はどうしたらよいでしょうか？　答えは簡単です。表をくっつけたら同じようにまとめることができます。表が大きくなりそうなら、「○」「×」の代わりに文字を使用するとよいでしょう。では例題を解いてみましょう。

例　題

　ある店では、かばんと帽子を図のような棚に並べて売っている。かばんも帽子も黒、白、赤、茶の4色あり、同じ段には同じ色のかばんと帽子が並べられていて、1段目は黒である。ある日、A～Eの5人がそれぞれかばんと帽子を1つずつ買ったが、以下のことがわかっているとき、確実にいえるものは次のうちどれか。

	かばん	帽子
1段目	黒	黒
2段目		
3段目		
4段目		

・かばんも帽子も, 4色とも1つ以上が売れた。
・かばんと帽子を同じ色の組合せで買った者はいない。
・Aは黒の帽子を買った。
・Bは白のかばんを買った。
・Cは茶の帽子と4段目のかばんを買った。
・Dは2段目の帽子と4段目のかばんを買った。
・Eは4段目の帽子を買った。

【H17　地方上級】

- -

1　Aは2段目の茶のかばんを買った。
2　Bは4段目の赤の帽子を買った。
3　Cは2段目の帽子を買った。
4　Dは白の帽子を買った。
5　Eは3段目のかばんを買った。

この問題は，どこの棚に何色の帽子とかばんがあって，だれが何を買ったのか，条件から読み取らなくてはなりません。

まず，色，人について表した次のような表を使ってみます。棚については，何段目が何色かが判明した時点で書き入れていきます。

	かばん				帽子			
	黒	白	赤	茶	黒	白	赤	茶
A								
B								
C								
D								
E								

この表に条件を入れていってみましょう。

STEP 1　条件を書き換えてみる

A～E の 5 人ともかばんと帽子を 1 つずつ買っています。ほかの条件は次のように読み換えができます。

「かばんも帽子も，4 色とも 1 つ以上が売れた」
　→「黒，白，赤，茶のすべての色のかばんと帽子が売れた」

「かばんと帽子を同じ色の組合せで買った者はいない」
　→「5 人とも買ったかばんと帽子の色の組合せは別々」

「A は黒の帽子を買った」
　→「A が買ったかばんは黒以外である」

「B は白のかばんを買った」
　→「B が買った帽子は白以外である」

困ったときは
条件の読み換え！
大切だよ。

「C は茶の帽子と 4 段目のかばんを買った」
　→「C が買った帽子は茶，かばんは茶以外，4 段目は茶以外」

「D は 2 段目の帽子と 4 段目のかばんを買った」
　→「D が買ったのは 2 段目の帽子と茶以外のかばん」

「E は 4 段目の帽子を買った」
　→「E が買ったかばんは 4 段目以外にあった」

さあ、例題のように、条件から色が確定できるところには○、ありえないことに×を書き入れてみましょう。

	かばん				帽子			
	黒	白	赤	茶	黒	白	赤	茶
A	×				○	×	×	×
B	×	○	×	×		×		
C	×			×	×	×	×	○
D				×				
E						×		
	1段目				1段目			

ポイント

白のかばんを B が買ったことがわかると、B のほかの色のかばんの欄は×が入るとわかるよね。このような箇所は忘れずに書き入れよう。

ところで、C，D の 2 人は両方とも 4 段目のかばんを買っていますが、4 段目は茶以外、また、1 段目は黒なので、4 段目は赤か白だといえます。

一方、買っている人が 5 人で、かばんも帽子も 4 色すべてが必ず 1 つは売れているということは、「同じ色のものが 3 つ売れてはいない」ことに気がつきますね。

もし、C，D が白のかばんを買ったとしましょう。すると、白いかばんを B，C，D の 3 人が買ったことになってしまいます。ありえませんね。ということは、「C，D は赤のかばんを買った」のです。

これを表に書き込むと、次のようになります。

	かばん				帽子			
	黒	白	赤	茶	黒	白	赤	茶
A	×				○	×	×	×
B	×	○	×	×		×		
C	×	×	○	×	×	×	×	○
D	×	×	○	×			×	
E					×			
	1段目		4段目		1段目		4段目	

54

E は 4 段目の帽子を買ったと条件にあるので，E が買ったのは赤の帽子です。

	かばん 黒	白	赤	茶	帽子 黒	白	赤	茶
A	×				○	×	×	×
B	×	○	×	×		×		
C	×	×	○	×	×	×	×	○
D	×	×	○	×		×		
E			×		×	×	○	×
	1段目		4段目		1段目		4段目	

この表を見ると，白い帽子を買ったのは D と確定できます。

	かばん 黒	白	赤	茶	帽子 黒	白	赤	茶
A	×				○	×	×	×
B	×	○	×	×		×		
C	×	×	○	×	×	×	×	○
D	×	×	○	×	×	○	×	×
E			×		×	×	○	×
	1段目		4段目		1段目		4段目	

表を完成させなくてもかまわない
この段階で正答はわかるので，表をすべて
埋めることにこだわらなくても OK だよ。

黒のかばんを買ったのが E，茶のかばんを買ったのが A だということもわかります。また，D が買った帽子は 2 段目にありましたから，棚の段数もわかります。

	かばん 黒	白	赤	茶	帽子 黒	白	赤	茶
A	×	×	×	○	○	×	×	×
B	×	○	×	×		×		
C	×	×	○	×	×	×	×	○
D	×	×	○	×	×	○	×	×
E	○	×	×	×	×	×	○	×
	1段目	2段目	4段目	3段目	1段目	2段目	4段目	3段目

B が買った帽子の色は白以外ということしかわかりませんので，表をつくるのはここまでです。

 STEP 2 | 表を参考に選択肢を見てみる

それぞれの選択肢は表を見るだけで正しいかどうかわかりますね。**4**のみが確実にいえるものです。

 区別しよう
確実にわかることと，そうでないものの区別は忘れないこと！

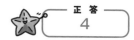
正答
4

 別解

こんな表でもデキルぞ！

与えられた条件のうち下の5つを表にします。黒は1段目とわかっていました。問題文の条件なので□で囲んで，ほかと区別します。

 表の特徴を生かそう
この表では黒1がセットとして扱われるよ。かばんについて，黒1を入れる空きがあるのはAとEですが，同じ色の組合せとなるAは当てはまらないので，Eに決まるよね。

・Aは黒の帽子を買った。
・Bは白のかばんを買った。
・Cは茶色の帽子と4段目のかばんをかった。
・Dは2段目の帽子と4段目のかばんを買った。
・Eは4段目の帽子を買った。

	帽子 色	帽子 棚	かばん 色	かばん 棚
A	黒	1		
B			白	
C	茶			4
D		2		4
E		4		

次に「かばんと帽子を同じ色の組合せで買った者はいない」より，ある1人で棚の段番号が同じになることはありません。したがって，入る可能性のある棚の段番号を小さく入れてみます。

	帽子 色	帽子 棚	かばん 色	かばん 棚
A	黒	1		2か3
B			白	2か3
C	茶	2か3	赤	4
D		2	赤	4
E	赤	4	黒	1

かばんから見てみましょう。同じ色は3つは売れないので，かばんの空欄に4段目はありえません。したがって，A，Bのかばんは2段目または3段目です。1段目のかばんも1つは売れているのでEのかばんは黒の1段目と決まります。

次に，Cの帽子は茶色なので1段目はありえません。また，かばんと同じ色になるので4段目もありえません。したがって，2段目，3段目は白または茶で，4段目は赤と決まります。新たに確定した色と段番号には色がついています。

さて，ここまできたら，Bのかばん白を3段目と仮定します。

	帽子		かばん	
	色	棚	色	棚
A	黒	1		3
B		3	白	3
C	茶	2	赤	4
D		2	赤	4
E	赤	4	黒	1

3段目を白と仮定すれば，2段目が茶です。次に帽子の棚を見ると，3段目がありませんから，Bの帽子の棚は3段目と決まります。すると，Bの帽子とかばんが同じ色になって矛盾します。したがって，白の棚は2段目とわかりました。

	帽子		かばん	
	色	棚	色	棚
A	黒	1		3
B			白	2
C	茶	3	赤	4
D	白	2	赤	4
E	赤	4	黒	1

これで，選択肢より「Dは白の帽子を買った」が正答とわかります。

練 習 問 題 1

ある課には A ～ F の 6 人の職員がおり，それらの職員の役職，性別，年齢層について次のことがわかっているとき，確実にいえるのはどれか。

- 　役職については，課長が 1 人，係長が 2 人，係員が 3 人である。
- 　性別については，男性が 4 人，女性が 2 人であり，年齢層については，50 歳代が 1 人，40 歳代が 1 人，30 歳代が 2 人，20 歳代が 2 人である。
- 　A は 40 歳代の男性で，F よりも年齢層が高い。
- 　B は男性の係長であり，F よりも年齢層が高い。
- 　C は女性であり，D よりも役職，年齢層ともに高い。
- 　E，F は係員である。また，F は D よりも年齢層が高い。
- 　係員は，3 人とも年齢層が異なる。

【H23　国家一般職［大卒］】

1 A は係長である。
2 E は男性である。
3 女性のうちの 1 人は 20 歳代である。
4 係員のうちの 1 人は 50 歳代である。
5 課長は女性である。

🐬 STEP 1 　対応表に記入

条件を上から順に①～⑦とします。役職，性別，年齢層と話が多岐にわたっています。でも大丈夫。その分ヨコに長い対応表を作りましょう。まずは条件の中で○×がはっきりしているところと人数を以下のように記入しましょう。

	課長	係長	係員	男性	女性	50歳代	40歳代	30歳代	20歳代
A				○	×	×	○	×	×
B	×	○	×	○	×		×		
C				×	○		×		
D							×		
E	×	×	○				×		
F	×	×	○				×		
計	1	2	3	4	2	1	1	2	2

表の埋め方の確認
○をつけたら，その項目のタテとヨコに×をつけるのを忘れずに。

58

STEP 2　年齢層などの条件から対応表を

年齢層についてまとめておきます。

　条件③：A（40歳代）＞F

　条件④：B＞F

　条件⑤：C＞D

　条件⑥：F＞D

　条件③と⑥より，A（40歳代）＞F＞Dなので，F＝30歳代，D＝20歳代がわかります。

　さらに，条件④よりB＞F（30歳代）なのでB＝50歳代（40歳代はもう空きがありません），条件⑤よりC＝30歳代，E＝20歳代と芋づる式に表が埋まります。

　ここまでを記入すると以下のようになります。

	課長	係長	係員	男性	女性	50歳代	40歳代	30歳代	20歳代
A				○	×	×	○	×	×
B	×	○	×	○	×	○	×	×	×
C				×	○	×	×	○	×
D						×	×	×	○
E	×	×	○			×	×	×	○
F	×	×	○			×	×	○	×
計	1	2	3	4	2	1	1	2	2

　続いて役職について考えます。条件⑦より，係員は3人とも年齢層が異なります。今のところ係員はE（20歳代），F（30歳代）ですから，もう1人はAかBになりますが，Bは係長なのでAに決定します。

　さらに，条件⑤よりC＝課長，D＝係長がわかります。

　ここまでの表が以下になります。D，E，Fの性別は不明です。

	課長	係長	係員	男性	女性	50歳代	40歳代	30歳代	20歳代
A	×	×	○	○	×	×	○	×	×
B	×	○	×	○	×	○	×	×	×
C	○	×	×	×	○	×	×	○	×
D	×	○	×			×	×	×	○
E	×	×	○			×	×	×	○
F	×	×	○			×	×	○	×
計	1	2	3	4	2	1	1	2	2

 **STEP 3** 選択肢を吟味する

1，4は誤りで，2，3は確実にはいえません。5は確実にいえるので，正答は5になります。

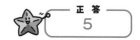

正答
5

練習問題 2

ある会社は，総務部，企画部，営業部，調査部の4つの部から成り，A〜Hの8人が，4つの部のいずれかに配属されている。A〜Hの8人の配属について次のことがわかっているとき，確実にいえるのはどれか。

○ 現在，総務部および企画部にそれぞれ2人ずつ，営業部に3人，調査部に1人が配属されており，Cは総務部，DおよびEは企画部，Hは調査部にそれぞれ配属されている。

○ 現在営業部に配属されている3人のうち，直近の人事異動で営業部に異動してきたのは，1人のみであった。

○ 直近の人事異動の前には，各部にそれぞれ2人ずつ配属されており，AおよびCは，同じ部に配属されていた。

○ 直近の人事異動で異動したのは，A，C，F，Hの4人のみであった。

【R2 国家一般職】

- -

1 Aは，現在，営業部に配属されている。

2 Cは，直近の人事異動の前には，営業部に配属されていた。

3 Fは，直近の人事異動の前には，総務部に配属されていた。

4 Gは，現在，総務部に配属されている。

5 Hは，直近の人事異動の前には，営業部に配属されていた。

🐬 STEP 1 　対応表は変化がわかるように

条件から**人物**（A〜H），**部**（総務部，企画部，営業部，調査部），**人事異動の前後**の3つの要素があることがわかります。

人物と部を○×の対応表にまとめてもよいのですが，人事異動前後の変化がわかるように，次のような表でまとめてみましょう。

	A	B	C	D	E	F	G	H
前								
現在								

条件を全部読んで，どういう表を使ったらすべての条件を1つの表で表すことができるかを考えなければいけないよ。

条件を表に反映させよう

「〇」「×」ではなくて，部を記入して表を埋めていきましょう。

1つ目の条件にあるC，D，E，Hの現在の部を書き込みます。3つ目の条件からA・Cは異動前は同じ部だったとあるので★を入れます。4つ目の条件からB，D，E，Gは人事異動がなかったとわかり，太枠で囲むことにします。

DとEは人事異動がなかったので前の部は現在と同じ企画部とわかります。1つ目の条件の前半部分と3つ目の条件の前半部分より，残りの部の人数も確定します。

	A	B	C	D	E	F	G	H	残り
前	★		★	企画	企画				総務×2，営業×2，調査×2
現在			総務	企画	企画			調査	総務×1，営業×3

2つ目の条件より現在営業部に配置されている3人のうち，異動してきたのは1人となっているので，残り2人は異動ではなく，以前から営業部であったことがわかります。前と現在が同じ部なのはBとGなので，BとGは前も現在も営業部だとわかります。

	A	B	C	D	E	F	G	H	残り
前	★	営業	★	企画	企画		営業		総務×2，営業×~~2~~，調査×2
現在		営業	総務	企画	企画		営業	調査	総務×1，営業×~~3~~₁

3つ目の条件より，AとCは前は同じ部に配属しており，しかもどちらも現在とは異なる部なので，AとCの前の部は調査部だとわかります。その結果，FとHの前の部は残りの総務部で決定します！

	A	B	C	D	E	F	G	H	残り
前	調査	営業	調査	企画	企画	総務	営業	総務	総務×~~2~~，営業×~~2~~，調査×~~2~~
現在		営業	総務	企画	企画		営業	調査	総務×1，営業×1

現在の総務部と営業部が残っていますが，A，Fとも異動前と現在とは部が異なるので，Aが総務部，Fが営業部に決まります。

	A	B	C	D	E	F	G	H
前	調査	営業	調査	企画	企画	総務	営業	総務
現在	総務	営業	総務	企画	企画	営業	営業	調査

 **STEP 3** 選択肢を検証する

1 Aは現在，総務部に配属されているので誤り。

2 Cは直近の人事異動の前は調査部に配属されていたので誤り。

3 正しい。

4 Gは現在，営業部に配属されているので誤り。

5 Hは直近の人事異動の前は総務部に配属されていたので誤り。

　以上より，**3**が正解だとわかります。

正　答
3

6 対応表の問題 ❸
～やりとりは表や矢印で解決～

「渡した」「受け取った」のように，やりとりが条件になっているものも表でまとめることができます。表にすることで，渡す側と受け取る側を同時にまとめることができます。

例　題

A～Fの6人がプレゼントの交換をした。1人1個ずつプレゼントを持ってきており，誰か1人に渡し，誰か1人から受け取った。プレゼントを渡した相手からもらった人はいなかった。次のことがわかっているとき，確実に言えるのはどれか。
・AはBかDにプレゼントを渡した。
・CはEにプレゼントを渡し，BからもDからもプレゼントを受け取らなかった。
・DはEからプレゼントを受け取らなかった。
・FはDからもEからもプレゼントを受け取らなかった。

【R元　地方上級】

- -

1　AはDからプレゼントを受け取った。
2　BはAからプレゼントを受け取った。
3　CはFからプレゼントを受け取った。
4　EはBにプレゼントを渡した。
5　FはAにプレゼントを渡した。

 **STEP 1** 表でまとめてみよう

　プレゼントのやりとりを表にまとめてみましょう。「渡した」と「受け取った」の両方を反映する表を作ります。

		受け取った						
		A	B	C	D	E	F	計
渡した	A							1
	B							1
	C							1
	D							1
	E							1
	F							1
	計	1	1	1	1	1	1	6

 **STEP 2** 条件をあてはめてみよう

　この表に問題文の条件を書き入れると次のようになります。

		受け取った						
		A	B	C	D	E	F	計
渡した	A			×		×	×	1
	B			×		×		1
	C	×	×		×	○	×	1
	D			×		×	×	1
	E				×		×	1
	F					×		1
	計	1	1	1	1	1	1	6

「受け取った」の合計数よりFはBから受け取ったことがわかり，「プレゼントを渡した相手からもらった人はいなかった。」よりEはCに渡していないことがわかります。よってCに渡したのはFだとわかり，ここで選択肢の**3**が正答だとわかります。

		受け取った						計
		A	B	C	D	E	F	
渡した	A	＼		×		×	×	1
	B	×	＼	×	×	×	○	1
	C	×	×	＼	×	○	×	1
	D			×	＼	×	×	1
	E			×	×	＼	×	1
	F	×	×	○	×	×	＼	1
	計	1	1	1	1	1	1	6

念のため上の表をさらに埋めてみましょう。DはAから受けとっていることがわかり，DはAに渡していないので，Dが渡した相手はBと決まります。表を埋めると次のようになります。

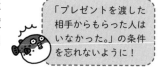

「プレゼントを渡した相手からもらった人はいなかった。」の条件を忘れないように！

		受け取った						計
		A	B	C	D	E	F	
渡した	A	＼	×	×	○	×	×	1
	B	×	＼	×	×	×	○	1
	C	×	×	＼	×	○	×	1
	D	×	○	×	＼	×	×	1
	E	○	×	×	×	＼	×	1
	F	×	×	○	×	×	＼	1
	計	1	1	1	1	1	1	6

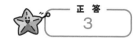

正答
3

練 習 問 題 1

A 〜 D の 4 人は赤色，青色，黄色のカードを 1 枚ずつ合計 3 枚持っている。各人が手持ちのカードを 1 枚ずつほかの 3 人に同時に渡した結果，次のようになった。

　ア　A は赤色のカードを 2 枚もらった。
　イ　B は青色のカードを 2 枚もらった。
　ウ　C は黄色のカードを 1 枚ももらわなかった。
　エ　D は C から黄色のカードをもらった。
　オ　青色のカードを渡し合うことになった人はいなかった。

このとき確実にいえることとして正しいのはどれか。

【H15　国家一般職［大卒］】

- -

1　A は C から赤色のカードをもらった。
2　B は C から赤色のカードをもらった。
3　C は A から青色のカードをもらった。
4　D は A から青色のカードをもらった。
5　D は B から黄色のカードをもらった。

 **STEP 1**　表を作ってみよう

　やりとりを表にまとめていきましょう。次のような表で「渡した」と「もらった」の両方を表すことにします。

		もらった			
		A	B	C	D
渡した	A				
	B				
	C				
	D				

「渡した」「もらった」も表の中に書かないと，選択肢をチェックするときに間違う可能性があるよ…。

 **STEP 2** 条件からわかることを埋めていこう

条件からわかることを表に書き込むと次のようになります。

		もらった				カード
		A	B	C	D	
渡した	A	╲				赤 青 黄
	B		╲			赤 青 黄
	C			╲	黄	赤 青 ~~黄~~
	D				╲	赤 青 黄
カード		赤×2	青×2	黄×0		

誰に渡したかがわかったら，手持ちの色がどんどんなくなっていくよ。

 **STEP 3** 迷ったら場合分けする

Cは残りの赤カード，青カードを誰に渡したのかがわからないで，場合分けをすることにしましょう。Aに「青」，Bに「赤」を渡した場合…①と，Aに「赤」，Bに「青」を渡した場合…②で場合分けをします。

①CがAに「青」，Bに「赤」を渡した場合

Aがもらった2枚の赤はBとDから，Bがもらった2枚の青はAとDからと決まります。その結果，Dは残り1枚の黄をCに渡したことになります。しかし，これでは条件ウに反してしまいます。

		もらった				カード
		A	B	C	D	
渡した	A	╲	青			赤 青 黄
	B	赤	╲			赤 青 黄
	C	青	赤	╲	黄	赤 青 ~~黄~~
	D	赤	青	黄	╲	赤 青 黄
カード		赤×2	青×2	黄×0		

①の場合分けが違うってわかった段階で，答えは選択肢の1だと判断できるんだよ。

② C が A に「赤」，B に「青」を渡した場合

　条件オより青のカードを渡し合う人はいなかったので，C は B から青をもらっていないことがわかります。条件ウより，C が B からもらったカードは黄でもないので赤と決定します。すると，A に赤を渡したもう 1 人は D に決まります。

		もらった				カード
		A	B	C	D	
渡した	A					赤 青 黄
	B			赤		赤 青 黄
	C	赤	青		黄	赤 青 黄
	D	赤				赤 青 黄
カード		赤×2	青×2	黄×0		

　D は C に黄を渡せないので，B に黄を渡しています。これにより，D が青を渡したのは C となり，B は残りの 1 枚の青を A からもらったことがわかります。条件ウから A は C に黄のカードを渡せないので，C に赤，D に黄のカードを渡しています。また，条件オより B は A に青のカードを渡せないので，B は A に黄，D に青のカードを渡したことになります。以上のわかったことを表に記入すると，次のようになります。

		もらった				カード
		A	B	C	D	
渡した	A		青	赤	黄	赤 青 黄
	B	黄		赤	青	赤 青 黄
	C	赤	青		黄	赤 青 黄
	D	赤	黄	青		赤 青 黄
カード		赤×2	青×2	黄×0		

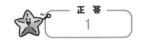

STEP 4　選択肢を吟味する

1　正しい。
2　B が C からもらったのは青色のカードなので誤り。
3　C が A からもらったのは赤色のカードなので誤り。
4　D が A からもらったのは黄色のカードなので誤り。
5　D が B からもらったのは青色のカードなので誤り。
　よって，正答は 1 です。

正　答
1

A〜Eの5人は，それぞれ異なる言語を母国語としている。さらにこの5人は，これらの言語のうちのいずれか1つを外国語として学んでおり，母国語と合わせて2種類の言語を使用できるが，学んだ外国語は5人とも異なっている。ここで，この5人のうち2人または3人の間でコミュニケーションが成立するのは，2人のときには両者が使用できる言語に共通のものがある場合，3人のときには，3人のうちの1人が使用できる言語に，残りの2人それぞれの使用できる言語と共通のものがあり，その者が通訳をした場合とする。

今，次のようにコミュニケーションが成立したとき，確実にいえるのはどれか。

○A，B，Dの三者間でコミュニケーションが成立し，このときBが通訳をした。

○DとEの間でコミュニケーションが成立した。

【H25 国家専門職［大卒］】

- -

1 A，C，Eの三者間ではコミュニケーションが成立し，通訳をするのはAである。

2 AとEの間ではコミュニケーションが成立する。

3 CとEの間ではコミュニケーションが成立しない。

4 B，D，Eの三者間ではコミュニケーションが成立し，通訳をするのはDである。

5 Cの母国語を学んだのはBである。

この問題もやりとりの問題ですが，矢印を使って考えることができます。

 STEP 1 視覚的に条件をまとめる

AからEの5人は，母国語のほかにもう1つ言語を使用できます。たとえばAがBの母国語を使用できるとき，A→Bと表すことにします。このとき，AとBはコミュニケーションが成立しますね。

A-B-D　Bが真ん中だよね

A，B，Dの3人がコミュニケーションをとるのにBが通訳だったら，Bが真ん中にいるのは感覚としてつかめるよね。

A　　　B

B　　　D

では1つ目の条件から見てみましょう。A，B，Dの三者間でコミュニケーションが成立し，Bが通訳したので，**A→B→D…①**または**D→B→A…②**が成り立

ちます。ここで場合分けをしていきます。

①A→B→Dのとき

　2つ目の条件からD→Eが成り立ちます（E→Dにすると，Dの母国語をBとEの2人が学んだことになり，条件に合いません）。よって，A→B→D→Eとなります。

　Eはだれの母国語を学んだのでしょうか。残るはAとCの母国語ですが，Aの母国語を学ぶと，Cの学ぶ言語がなくなってしまいますので，EはCの言語を学び，CはAの言語を学ぶことがわかります。E→C，C→Aということです。

②D→B→Aのとき

　①と同様に考えると，2つ目の条件からE→Dが成り立ち，まとめるとE→D→B→Aとなります。そしてA→Cであり，C→Eであることがわかりますね。

矢印を追っていくと…
結局①と②では逆回りになっているだけだよ。

STEP 2　選択肢を吟味する

1　①②ともにA，C，Eでコミュニケーションが成り立ちますが，通訳するのはCです。

2　AとEの間ではコミュニケーションが成立しません。

3　①②ともに，CとEの間でコミュニケーションが成立します。

4　①では「B→D→E」，②では「E→D→B」ですから，確実にいえます。

5　Cの母国語を学んだのは①のときはE，②のときはAです。誤り。

よって正答は**4**です。

正　答
4

7 スケジュールの問題

～何曜日ですか～

　ここでは，曜日にからんだ問題を扱います。普段，身近な存在の「1週間」です。月曜日から土曜日までの6日間や，日曜日までの7日間の予定（勤務状況など）を求める問題，また何週かにわたる予定に関する問題など，いろいろな問題があります。

　当たり前のことなのですが，1週間が7日間であることが問題を解くカギとなります。たとえば，月曜からの1週間のうち連続5日間とは，月火水木金，火水木金土，水木金土日のいずれかです。

　基本的に，曜日＋対応表で考えることになります。では，例題から見ていきましょう。

例　題

　ある店では，月曜日から土曜日までの6日間に，以下の条件でA〜E5人の学生アルバイトを雇うことになった。
　　ア　Aは1日おきに3日間働く。
　　イ　Bは1日おきに3日間働く。
　　ウ　Cは連続4日間働く。
　　エ　Dは連続4日間働く。
　　オ　1日に3人ずつが働き，3人の組合せが同じになる日がないようにする。
　このとき，確実にいえることは次のうちどれか。
【H12　国家一般職［大卒］】

- -

　1　Bは月曜日に働く。
　2　Cは火曜日に働く。
　3　Eは水曜日に働く。
　4　B，C，Eの3人が一緒に働く日がある。
　5　C，D，Eの3人が一緒に働く日がある。

72

STEP 1　どのように条件をまとめていくか

　まず，曜日の並び方が，月火水木金土であることは常に変わりません。この並び方を利用して表をつくっていきましょう。使う表は次のとおりです。

	月	火	水	木	金	土	計
A							3
B							3
C							4
D							4
E							
計	3	3	3	3	3	3	18

STEP 2　条件を表にまとめる

　条件オにあるように，1日に働く3人の組合せが同じになる日がないようにするためにはどうすればよいかから考えてみましょう。

　まず，AとBが1日おきに働くのですから，それぞれ月・水・金あるいは火・木・土のどちらかです（条件ア，イ）。そしてCとDは，連続4日間働くのですから，月火水木・火水木金・水木金土のどれかになります（条件ウ，エ）。

　それぞれの場合を表に書き込んでみましょう。ただし，CとDのどちらかを火水木金に働くとすると，次のような表になってしまいます。

	月	火	水	木	金	土	計
A	○		○		○		3
B		○		○		○	3
C		○	○	○	○		4
D			○	○	○	○	4
E							
計	3	3	3	3	3	3	18

　これは，水曜日と金曜日の3人の組合せが同じになっていますので条件オに合いません。Dが月火水木に働いても火曜日と木曜日の組合せが同じになってしまいます。つまり，CあるいはDが火水木金に働くことはありえないとわかります。そこで表は次の4通りが考えられます。

a

	月	火	水	木	金	土	計
A	○	×	○	×	○	×	3
B	×	○	×	○	×	○	3
C	○	○	○	○	×	×	4
D	×	×	○	○	○	○	4
E							
計	3	3	3	3	3	3	18

b

	月	火	水	木	金	土	計
A	○	×	○	×	○	×	3
B	×	○	×	○	×	○	3
C	×	×	○	○	○	○	4
D	○	○	○	○	×	×	4
E							
計	3	3	3	3	3	3	18

c

	月	火	水	木	金	土	計
A	×	○	×	○	×	○	3
B	○	×	○	×	○	×	3
C	○	○	○	○	×	×	4
D	×	×	○	○	○	○	4
E							
計	3	3	3	3	3	3	18

d

	月	火	水	木	金	土	計
A	×	○	×	○	×	○	3
B	○	×	○	×	○	×	3
C	×	×	○	○	○	○	4
D	○	○	○	○	×	×	4
E							
計	3	3	3	3	3	3	18

Eについての条件はありませんから，1日に3人ずつが働き，3人の組合せが同じになる日がないように表に書き入れてみます。すると次のようになります。

a

	月	火	水	木	金	土	計
A	○	×	○	×	○	×	3
B	×	○	×	○	×	○	3
C	○	○	○	○	×	×	4
D	×	×	○	○	○	○	4
E	○	○	×	×	○	○	4
計	3	3	3	3	3	3	18

b

	月	火	水	木	金	土	計
A	○	×	○	×	○	×	3
B	×	○	×	○	×	○	3
C	×	×	○	○	○	○	4
D	○	○	○	○	×	×	4
E	○	○	×	×	○	○	4
計	3	3	3	3	3	3	18

c

	月	火	水	木	金	土	計
A	×	○	×	○	×	○	3
B	○	×	○	×	○	×	3
C	○	○	○	○	×	×	4
D	×	×	○	○	○	○	4
E	○	○	×	×	○	○	4
計	3	3	3	3	3	3	18

d

	月	火	水	木	金	土	計
A	×	○	×	○	×	○	3
B	○	×	○	×	○	×	3
C	×	×	○	○	○	○	4
D	○	○	○	○	×	×	4
E	○	○	×	×	○	○	4
計	3	3	3	3	3	3	18

STEP 3 | 選択肢と表を見比べる

選択肢の中から「確実にいえること」を選びます。

1について B が月曜日に働くのは前のページの表の c と d のみなので，確実にはいえません。

2について，C が火曜日に働くのは a と c のみなので確実にはいえません。

3については，どの表にもその事実はありません。

4は，どの表にもいえることです。

5はどの表にもその事実はありません。

つまり，正答は **4** です。

正答
4

確実にいえるものの見つけ方
「確実にいえる」とは a 〜 d の「どの表にもいえる」ということだよ。

A君の家庭では，父，母，A君，姉，弟，妹の6人が毎日交替で犬の散歩をすることになっている。ある月の下旬から翌月にかけての連続した14日間において，当番の順は以下のようであった。このとき，A君の次の日に犬を散歩に連れて行く当番はだれか。ただし，全員6日に1回必ず犬の散歩当番が回ってくるものとする。

・母は第5火曜日と5日が当番だった。
・妹は金曜日に当番の日があった。
・弟は月末最終日が当番だった。
・姉は第1土曜日が当番だった。
・父は2日が当番だった。

【H12　特別区】

1　父
2　母
3　姉
4　弟
5　妹

STEP1　どのような表に条件をまとめるか

　例題は6日間のどの日にだれが働くかというものでしたが，今度は14日間です。

　横一列に1～14の数字を入れた表を思いつくかもしれませんが，曜日は7日間で1周期ですから，そのことを利用した表を使ってみましょう。7日間を1周期にした表といえば，カレンダーですね。カレンダーの一部分の14日間を考えてみましょう。

> **周期性を生かす**
> この問題は，曜日，第5週，第1週といった週のサイクルを盛り込んだ表を使おう。つまり，カレンダーだよ。

STEP2　カレンダーの表に条件をまとめる

　条件からは14日間の初日と14日目の曜日はわかりません。「母は第5火曜日と5日が当番だった」という条件から，母の当番の日を基準にして表に書き入れてみましょう。

　5日は母の当番の日ですから，母のほかの当番の日は，11日以降あ

>
> **28日の第5火曜日は**
> もしも28日を第5火曜日とすると，その月の火曜日は，21日（第4），14日（第3），7日（第2）となって第1火曜日がなくなってしまうね。よって28日の第5火曜日はありえないんだ。

るいは，その6日前です。が，もう一つの条件に「第5火曜日」とあります。毎月「第5火曜日」がありうるのは，29，30，31日のどれかです。つまり，5日の6日後（11日）が第5火曜日はありえませんから，5日の6日前が，前月の最後の火曜日とわかります。そのことを表に書き入れると次のようになります。

日	月	火	水	木	金	土
		母		1	2	3
4	5母	6	7	8	9	10
11	12					

注意
14日間といっても日曜日や月曜日から始まるカレンダーの2段とは限らないよ。金曜日から木曜日までの14日間かもしれないし。

ある月の下旬から翌月にかけての連続した14日間は下表の斜線が引かれていない3週間の範囲内と考えられます。

日	月	火	水	木	金	土
		母		1	2	3
4	5母	6	7	8	9	10
11	12					

この表に，条件からわかることを書き入れていきますが，妹が金曜日に当番，という条件は3通りあって，すぐには確定できないので，次の「弟は月末最終日が当番だった」と「姉は第1土曜日が当番だった」「父は2日が当番だった」を書き入れてみます。次のようになりますね。

日	月	火	水	木	金	土
		母	弟	1	2父	3姉
4	5母	6	7	8	9	10
11	12					

やり方がわからないときは…
できること，つまり書き入れやすい条件から表にまとめていこう。

また，「全員6日に1回必ず犬の散歩当番が回ってくる」ので，そのことを考慮すると，表は次のようになります。

<table>

日	月	火	水	木	金	土
			母	弟	x	父
姉		母	弟	1	2 父	3 姉
4	5 母	6 弟	7	8 父	9 姉	10
11 母	12 弟					

</table>

妹の当番が金曜日という条件は上の表の x に当てはまることもわかります。A 君以外の家族の当番の日は次のとおり決まりました。

日	月	火	水	木	金	土
			母	弟	妹	父
姉		母	弟	1 妹	2 父	3 姉
4	5 母	6 弟	7 妹	8 父	9 姉	10
11 母	12 弟					

A 君の当番は，表の空欄日ですね。次のとおり表は完成しました。

日	月	火	水	木	金	土
		A	母	弟	妹	父
姉	A	母	弟	1 妹	2 父	3 姉
4 A	5 母	6 弟	7 妹	8 父	9 姉	10 A
11 母	12 弟					

STEP 3　選択肢から答えを選ぶ

STEP2で得た表を見れば，もうわかりますね。A 君の次の日に犬を散歩に連れて行く当番なのは，「母」です。正答は 2 です。

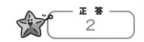

正答
2

78

練 習 問 題 2

ある学習塾で夏期講習が行われた。教科は国語，数学，社会，理科，英語で，月曜日〜金曜日までの 5 日間に，1 日 3 時間ずつ行われた。各教科は 1 時間単位で行われ，同じ曜日に同じ教科が 2 時間行われることはなかった。時間割の一部が次のようにわかっているとき，確実にいえるのはどれか。

	月曜日	火曜日	水曜日	木曜日	金曜日
1 時間目					
2 時間目	社会		社会	国語	
3 時間目					理科

・3 日連続で行われた教科は 2 教科だけであり，4 日連続で行われた教科はなかった。
・国語は 4 時間，社会は 3 時間行われた。
・行われた時間数は，数学は理科よりも多く，理科は英語よりも多かった。
・数学は，すべて同じ時間に行われた。
・火曜日の 2 時間目と水曜日の 1 時間目は同じ教科であった。

【H26　地方上級】

- -

1　月曜日の 1 時間目は理科であった。
2　火曜日の 3 時間目は理科であった。
3　水曜日の 1 時間目は国語であった。
4　木曜日の 3 時間目は英語であった。
5　金曜日の 2 時間目は英語であった。

　今度は曜日こそ少ないですが，時間が含まれるので 15 マス分を考えることになります。

🐬 STEP 1　条件を表にまとめる

　条件を上から順に①から⑤とします。
　まずは教科の時間数に注目してみましょう。
　夏期講習は全部で 3 × 5 ＝ 15〔時間〕あり，条件②より国語が 4 時間，社会が 3 時間行われたので，他の 3 教科の時間数は合計で 8 時間です。
　条件③より，数学＞理科＞英語ですから，時間数は（数学，理科，英語）＝（5，2，1）または（4，3，1）となります。条件①より 4 日間連続の教科はないため，（5，2，1）は合致せず，（4，3，1）となります（ただし数学の 4 日間は連続しな

い）。

条件④，⑤より数学は水曜日を除く１時間目であることがわかりますね。ここまでを記入しておきましょう。

	月曜日	火曜日	水曜日	木曜日	金曜日
１時間目	数学	数学	A	数学	数学
２時間目	社会	A	社会	国語	
３時間目					理科

次に，条件⑤の教科 A を考えましょう。すでに火曜日と水曜日に載っている数学と社会は×，１時間のみ行われる英語も×で，候補は国語と理科です。

しかし，国語だとすると，火曜日，水曜日，木曜日，（月曜か金曜）の４日間になり，いずれにしても４日間連続になってしまい条件①にあいません。よって条件⑤の教科は理科です。これで理科はすべて決定です。

同じ教科のときは…
火曜日の２時間目と水曜日の１時間目は同じ教科なので，目印として表にAと書いておこう。

さらに，条件①より，３日間連続で行われたのは国語と社会ですから，火曜日に社会を，水曜日と金曜日に国語を加えます。

残りの２時間は国語と英語です。木曜日はすでに国語が入っていますから，月曜日が国語，木曜日が英語ですね。記入しましょう。

	月曜日	火曜日	水曜日	木曜日	金曜日
１時間目	数学	数学	理科	数学	数学
２時間目	社会	理科	社会	国語	国語
３時間目	国語	社会	国語	英語	理科

STEP 2　選択肢を吟味する

1，**2**，**3**，**5**は誤り，**4**が正しいです。正答は**4**になります。

┌─ 正　答 ─┐
4

練 習 問 題 3

表は，ある都市のごみ収集の指定曜日の基準を示したものであり，地区ごとに指定される曜日は異なっている。収集日についてア～オのことがわかっているとき，処理困難ごみの収集日について確実にいえるのはどれか。

ごみの種類	収　集　日
プラスチック類	毎週1回の指定曜日
び　ん　類	毎週1回の指定曜日
缶　　　類	毎週1回の指定曜日
金　属　類	4週1回の指定土曜日
焼　却　ごみ	毎週2回の指定曜日
埋　立　ごみ	4週1回の指定土曜日
資　源　ごみ	4週1回の指定土曜日
処理困難ごみ	缶類，金属類，埋立ごみの収集日

ア：処理困難ごみを除き，2つのごみの収集日が重なることはない。

イ：埋立ごみの収集日の翌週には資源ごみの収集日，さらに，その翌週には金属類の収集日がある。

ウ：日曜日は収集日となっていない。

エ：焼却ごみの収集日は連続していない。

オ：びん類の収集日の翌日は缶類の収集日となっている。

【H12　国家専門職［大卒］】

- -

1 月曜日がプラスチック類の収集日である地区では，土曜日が金属類の収集日である週の翌週においては，処理困難ごみの収集日は金曜日と土曜日である。

2 火曜日がプラスチック類の収集日である地区では，土曜日が資源ごみの収集日である週の翌週においては，処理困難ごみの収集日は金曜日と土曜日である。

3 水曜日が焼却ごみの収集日である地区では，土曜日が埋立ごみの収集日である週の翌週においては，処理困難ごみの収集日は金曜日と土曜日である。

4 木曜日がプラスチック類の収集日である地区では，土曜日が埋立ごみの収集日である週の翌週においては，処理困難ごみの収集日は火曜日である。

5 金曜日がプラスチック類の収集日である地区では，土曜日が資源ごみの収集日である週の翌週においては，処理困難ごみの収集日は水曜日と土曜日である。

STEP 1 　条件はカレンダーでまとめる

　イから，埋立ごみ，資源ごみ，金属類の順番で土曜日に収集されます。土曜日は
ひと月に４日あるいは５日あるので「１，２，３週」「２，３，４週」「３，４，５
週」の土曜日にそれぞれが収集されることがわかります。

　また，問題文中の表より月〜金の５日間のごみ収集は，「焼却ごみ」「焼却ごみ」
（焼却ごみの日が２回ある）「プラスチック類」「びん類」「缶類」の組合せです。そ
こにオから「びん類＋缶類」が固定され，エから「焼却」が続かないという条件が
加わります。

　以上の条件で，カレンダーに収集日を書き入れると，次のようになります。土曜
日の収集は「３，４，５週」のみを書き入れましたので，実際はこのほかに「１，
２，３週」「２，３，４週」の場合分けも加わります。また，処理困難ごみの収集日
には○を付けました。

a

日	月	火	水	木	金	土
	びん	㊎	焼却	プラ	焼却	
	びん	㊎	焼却	プラ	焼却	
	びん	㊎	焼却	プラ	焼却	㊕立
	びん	㊎	焼却	プラ	焼却	資源
	びん	㊎	焼却	プラ	焼却	㊎属

b

日	月	火	水	木	金	土
	焼却	びん	㊎	焼却	プラ	
	焼却	びん	㊎	焼却	プラ	
	焼却	びん	㊎	焼却	プラ	㊕立
	焼却	びん	㊎	焼却	プラ	資源
	焼却	びん	㊎	焼却	プラ	㊎属

c

日	月	火	水	木	金	土
	焼却	びん	㊎	プラ	焼却	
	焼却	びん	㊎	プラ	焼却	
	焼却	びん	㊎	プラ	焼却	㊕立
	焼却	びん	㊎	プラ	焼却	資源
	焼却	びん	㊎	プラ	焼却	㊎属

d

日	月	火	水	木	金	土
	焼却	プラ	びん	㊎	焼却	
	焼却	プラ	びん	㊎	焼却	
	焼却	プラ	びん	㊎	焼却	㊕立
	焼却	プラ	びん	㊎	焼却	資源
	焼却	プラ	びん	㊎	焼却	㊎属

**表のつくり方
を考えよう**
今回の問題は，ご
み収集日カレンダ
ーを言葉で説明し
ていたね。

e	日	月	火	水	木	金	土
		プラ	焼却	びん	㊎	焼却	
		プラ	焼却	びん	㊎	焼却	
		プラ	焼却	びん	㊎	焼却	埋立
		プラ	焼却	びん	㊎	焼却	資源
		プラ	焼却	びん	㊎	焼却	㊎属

f	日	月	火	水	木	金	土
		焼却	プラ	焼却	びん	㊎	
		焼却	プラ	焼却	びん	㊎	
		焼却	プラ	焼却	びん	㊎	埋立
		焼却	プラ	焼却	びん	㊎	資源
		焼却	プラ	焼却	びん	㊎	㊎属

STEP 2 カレンダーから選択肢を検証する

　土曜日の収集に「1，2，3週」「2，3，4週」の場合分けも加わることも頭に入れながら，選択肢を検証してみましょう。

　1については，月曜日がプラスチック類の収集日という点は e のカレンダーですが，あてはまりませんね。

　2は d と f が火曜日がプラスチック類の収集日ですが，やはり確実にいえるといえません。

　3も a については成り立ちません。

　4は a については成り立っているのですが，同様に木曜日がプラスチックごみの収集日になっている c では合いません。

　5は b のカレンダーのとおりで「1，2，3週」「2，3，4週」の場合分けの場合も確実にいうことができます。

正　答
5

8 試合の問題 ①

～リーグ戦の結果はいかに～

　今度は，リーグ戦の問題の解法について考えてみましょう。リーグ戦（総当たり）は対応を表す勝敗表（対応表）をつくれば大丈夫です。では，例題を解くことにしましょう。

例　題

　A～Fの6人が柔道の総当たり戦を行った。今，その途中経過と最終結果の一部について，次のア～キのことがわかっているとき，この総当たり戦の最終結果について確実にいえるのはどれか。ただし，同じ相手との対戦は1回のみとする。

　ア　Aは，1試合終了時点で0勝1敗であった。
　イ　Bは，2試合終了時点で1勝1敗であった。
　ウ　Cは，4試合終了時点で，Bに勝ち2勝2敗であった。
　エ　Dは，2試合終了時点で，Aに勝ち1勝1敗であった。
　オ　Eは，2試合終了時点で2勝0敗であった。
　カ　Fは，2試合終了時点で，Cに敗れ1勝1敗であった。
　キ　総当たり戦の終了時点で引き分けた試合はなく，同じ勝敗数の人はいなかった。

【H25　特別区】

1　Bは，2位であった。
2　Cは，3位であった。
3　Dは，4位であった。
4　Bは，Fに勝った。
5　Cは，Dに勝った。

リーグ戦とは

　リーグ戦は「総当たり戦」ともいわれる試合の方法だよ。たとえばABCDの4チームで試合をする場合，

　　A対B　A対C　A対D
　　B対C　B対D　C対D

の6試合を行い，その勝敗の数で順位を決めるんだ。

 **STEP 1** どのように条件をまとめるか

勝敗表は次のようなものを使います。

	A	B	C	D	E	F	勝－敗
A							
B			×				
C		○					2 － 2
D							
E							
F							

この表に，タテのチーム（色文字のチーム）がヨコのチームに勝った場合は○を，負けた場合は×を，また右の欄には勝敗の数を記入していきます。

たとえば，条件ウを書き入れると，前ページの表のようになります。

 **STEP 2** 条件をもとに勝敗表を完成させる

残りの条件アからカも書き込むと，以下のようになります。

	A	B	C	D	E	F	勝－敗	順位
A				×			0 － 1	
B			×				1 － 1	
C		○				○	2 － 2	
D	○						1 － 1	
E							2 － 0	
F			×				1 － 1	

これだけで最終結果がわかるの？と思うかもしれませんね。でもわかるんです。条件キが抜けていましたね。

条件キの後半「同じ勝敗数の人はいなかった」とはどういうことでしょうか。5勝0敗，4勝1敗，3勝2敗，2勝3敗，1勝4敗，0勝5敗が1人ずついるということです。

では，上の表の中で5勝0敗の可能性があるのはだれでしょうか。表の中の○×と，勝敗の数字をよく見てくださいね。

まだ1敗もしていないEだけが当てはまりますので，Eは5勝0敗で1位確定です。同様に，0勝5敗（6位）はAに決定です。

表の中の○×を書き加え，勝敗の数字を直しておきましょう。

	A	B	C	D	E	F	勝－敗	順位
A		×	×	×	×	×	0－5	6
B	○		×		×		1－2	
C	○	○			×	○	3－2	
D	○				×		1－1	
E	○	○	○	○		○	5－0	1
F	○		×		×		1－2	

Cは3勝2敗ですからDに負けたことがわかります。

次に4勝1敗の可能性を考えます。○×にも注目すると，すでに×が2個ついている人は該当しません。よって，4勝1敗はDとわかります。

ここまで記入すると下のようになります。BとFの対戦結果はわかりません。

条件キの前半は？
本問は引き分けがないので○と×だけど，引き分けのときは表の中に△としよう！

	A	B	C	D	E	F	勝－敗	順位
A		×	×	×	×	×	0－5	6
B	○		×	×	×		1－3	
C	○	○		×	×	○	3－2	3
D	○	○	○		×	○	4－1	2
E	○	○	○	○		○	5－0	1
F	○		×	×	×		1－3	

🐬 STEP 3　選択肢を吟味する。

1　Dが2位です。
2　正しい。
3　Dは2位です。
4　BとFの勝敗はわかりません。
5　CはDに負けています。
よって，正答は2です。

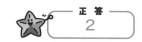

正　答
2

練 習 問 題 1

A～Fの6チームが，総当たり戦でサッカーの試合を行った。勝ち
を2点，引き分けを1点，負けを0点として勝ち点を計算し，総勝ち
点の多いチームから順位を付け，総勝ち点で同点の場合は得失点差に
より順位を決めた。今，次のア～カのことがわかっているとき，3位
になったのはどのチームか。ただし，同一チームとの対戦は1回のみ
とする。

ア　Aは，BとEに負けた。
イ　Bは，Dに負けなかった。
ウ　Cは，A，E，Fと引き分け，得失点差によりAの下位となっ
　　た。
エ　Dには引き分けはなく，得失点差によりEの上位となった。
オ　Fは，AとDに勝った。
カ　引き分けは4試合あった。

【H23　特別区】

- -

1　A
2　B
3　D
4　E
5　F

表を作成するにあたり，例題と違うところはどこでしょうか。

まず，引き分けがあるので，表の中に△が出てきます。「勝－敗」の欄は「勝－
分－敗」としましょう。それから，勝ち点を記入する欄も必要ですね。

STEP 1　勝敗表に書き込む

勝敗表を作成し，アからオの条件からわかる勝敗（または引き分け）を書き込む
と，次のようになります。

	A	B	C	D	E	F	勝－分－敗	勝ち点	順位
A		×	△		×	×			
B	○								
C	△				△	△			
D					×				
E	○		△						
F	○		△	○					

STEP 2 　AとCの勝ち点と順位を考える

この時点での「勝－分－敗」と「勝ち点」を書き込んでおきます。

	A	B	C	D	E	F	勝－分－敗	勝ち点	順位
A		×	△		×	×	0 － 1 － 3	1	
B	○						1 － 0 － 0	2	
C	△				△	△	0 － 3 － 0	3	
D						×	0 － 0 － 1	0	
E	○		△				1 － 1 － 0	3	
F	○		△	○			2 － 1 － 0	5	

　条件ウの後半を見ると「(Cは) 得失点差によりAの下位になった」とあります。得失点差で順位が決まるということは勝ち点で並ぶ必要があります。したがって，Aは残る1試合でDに勝ったことになります。

　また，Cはこれ以上勝ち点を増やさないので，残る2試合に負けたということがわかります。

	A	B	C	D	E	F	勝－分－敗	勝ち点	順位
A		×	△	○	×	×	1 － 1 － 3	3	
B	○			○			2 － 0 － 0	4	
C	△	×		×	△	△	0 － 3 － 2	3	
D	×		○			×	1 － 0 － 2	2	
E	○		△				1 － 1 － 0	3	
F	○		△	○			2 － 1 － 0	5	

STEP 3 　Dの勝敗について考える

　条件エの後半を見ると「(Dは) 得失点差によりEの上位になった」とあります。得失点差で順位が決まるということはDとEは勝ち点で並んだとわかります。

　Dの勝敗に関してまだ使っていない条件は，エの前半とイです。

　「Dには引き分けはなく」(条件エの前半)

　「Bは，Dに負けなかった」(条件イ)

ということは，

　「BはDに負けず，引き分けでもなかった」すなわち「BはDに勝った」となります。

88

	A	B	C	D	E	F	勝－分－敗	勝ち点	順位
A		×	△	○	×	×	1 － 1 － 3	3	
B	○		○	○			3 － 0 － 0	6	
C	△	×		×	△	△	0 － 3 － 2	3	
D	×	×	○			×	1 － 0 － 3	2	
E	○		△				1 － 1 － 0	3	
F	○		△	○			2 － 1 － 0	5	

　ここで「DとEは勝ち点で並んだ」ことを考えますが，「Dには引き分けはなく」という条件から，残るDとEの直接対戦はDの勝ちとわかります。

	A	B	C	D	E	F	勝－分－敗	勝ち点	順位
A		×	△	○	×	×	1 － 1 － 3	3	
B	○		○	○			3 － 0 － 0	6	
C	△	×		×	△	△	0 － 3 － 2	3	
D	×	×	○		○	×	2 － 0 － 3	4	
E	○		△	×			1 － 1 － 1	3	
F	○		△	○			2 － 1 － 0	5	

　Dの勝ち点が4になってEを抜いてしまいました。得失点差で順位が決まるということは勝ち点が同じなので，Eの勝ち点も4になるはずです。

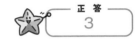

焦りは禁物！
これ以上表が埋まらなくても3位はわかるよね（1位はわからないけどね）。

 STEP 4 ┃ 問題で求められていることを確認する

　ここで，Eが引き分けた相手は確定できません。
　しかし，Bは勝ち点6以上，Fは勝ち点5以上なので，この2チームが1位と2位になることは確定します。
　本問で問われているのは「3位になったのはどのチームか」なので，勝ち点4で並ぶDとEのうちDが上位なので（条件エの後半），Dが3位とわかります。

正答
3

A〜Dの4人がジャンケンの試合を次のような方法で行い、各人の
それぞれの試合ごとの得点の合計（総得点）によって最終的な順位を
決めるものとした。

〔試合の方法〕

・このジャンケンの試合は1対1で行い、A〜Dが1試合ずつ総
当たりするものとする。

・それぞれの試合では、ジャンケンで先に3勝した人を勝者とし、
その時点で終了する。

・それぞれの試合で勝敗が決したときの得点方法は、勝者に3点を
与え、さらに、勝者にはジャンケンのスコアの差（たとえば、A
がCと対戦し、3回勝って1回負けた場合、スコアは3対1で、
スコアの差は2となる）の2倍を加点し、敗者からはジャンケン
のスコアの差だけ減点する。

・すべての試合を行った結果、A〜Dの総得点の高い順に順位が
決まる。

今、この試合を行った結果について①〜⑤がわかっているとき、次の
ア〜エのうち、確実にいえるもののみを挙げているのはどれか。

① AとBのジャンケンの試合では、AがBに3対2のスコアで勝った。
② AとDのジャンケンの試合では、AがDに1対3のスコアで負けた。
③ BとCのジャンケンの試合では、BがCに3対0のスコアで勝った。
④ Bのジャンケンの試合の最終的な成績は、1勝2敗であった。
⑤ A、Cの総得点は、それぞれ10点、4点であった。

　ア　Aの総得点はDの総得点を下回っている。
　イ　Bの総得点はCの総得点を上回っている。
　ウ　Dの総得点からCの総得点を引いた値は7点以上である。
　エ　Dの順位は1位または2位である。

【H15　国家一般職［大卒］】

- -

1　ア，イ
2　ア，エ
3　イ，ウ
4　イ，エ
5　ウ，エ

この問題のジャンケンも総当りですから、対応表を使いましょう。

　問題が定めた得点法に従って，試合結果を対応表に書き込んでいきましょう。

　①の結果から，A と B のスコアは 3 対 2 で A が勝ちました。勝者 A には，3＋（3－2）×2＝5 点，敗者 B には－（3－2）＝－1 点です。

　②の結果から，A と D のスコアは 1 対 3 で D が勝ちました。勝者 D には，3＋（3－1）×2＝7 点，敗者 A には－（3－1）＝－2 点です。

　③の結果より B と C のスコアは 3 対 0 で B が勝ちましたから，勝者 B には 3＋（3－0）×2＝9 点，敗者 C には－（3－0）＝－3 点となります。

　これらの 3 つの条件を対応表に書き加えると，次のようになります。

	A	B	C	D	計
A		5		－ 2	3
B	－ 1		9		8
C		－ 3			－ 3
D	7				7

　次に④の結果を考えたいところですが，⑤のほうが対応表の空欄に書き加えやすそうな結果です。結果⑤から見ていきましょう。

> **横に見ていく**
> 勝敗表や対応表は横に見ていくのがルール。この表では，A が B に対しては 5 点を得て，A が C に対しては 2 点を失い，A の合計得点は 3 点ということを表してるよ。

　結果⑤は「A，C の総得点は，それぞれ 10 点，4 点であった」とありますから，A の得点の空欄は，10－5－（－2）＝7 です。ここから，C の得点を推理してみましょう。A と C のスコア差を x とすると，A の得点は，3＋x×2＝7，x＝2，C の得点は－2 とわかります。

　また，C の総得点は 4 点ですから，C が D から得た点数は，4－（－2）－（－3）＝9 ですね。ということは，D と C のスコア差は（9－3）÷2＝3 です。つまり，D が C から得た点数は，－3 です。

　これらを対応表に書き込みます。すると，次のようになります。

	A	B	C	D	計
A		5	7	－ 2	10
B	－ 1		9		8
C	－ 2	－ 3		9	4
D	7		－ 3		4

　残りは④の「B のジャンケンの試合の最終的な成績は，1 勝 2 敗であった」です。

BとDの試合は，Dが勝ったことがわかります。ジャンケンは先に3勝した人が勝ちなので，考えられるスコアは3対0，3対1，3対2のどれかです。それぞれの場合の対応表を考えます。

空欄をうめ終わったら
空欄をうめることができなくなったら，場合分けをしよう。

スコアが3対0の場合

Bの得点は－3，Dの得点は3＋（3－0）×2＝9

	A	B	C	D	計
A		5	7	－2	10
B	－1		9	－3	5
C	－2	－3		9	4
D	7	9	－3		13

スコアが3対1の場合

Bの得点は－2，Dの得点は3＋（3－1）×2＝7

	A	B	C	D	計
A		5	7	－2	10
B	－1		9	－2	6
C	－2	－3		9	4
D	7	7	－3		11

スコアが3対2の場合

Bの得点は－1，Dの得点は3＋（3－2）×2＝5

	A	B	C	D	計
A		5	7	－2	10
B	－1		9	－1	7
C	－2	－3		9	4
D	7	5	－3		9

 **STEP 2** 選択肢を検証しよう

　今回は，選択肢を見ると，ア〜エの中に確実にいえることが２つあるようですね。

　では，まずアはどうでしょうか。Aの総得点がDの総得点を上回っている場合も考えられるので，確実ではありません。

　イは，考えられる対応表のいずれの場合もBの総得点はCの総得点を上回っているので，確実にいえます。

　ウは，考えられる対応表のすべての場合でそうであるとはいえないので，確実ではありません。

　エはどうでしょう。Dが１位の場合は２つ，２位の場合が１つ考えられますから，確実だといえます。

　以上より，イとエが確実にいえることですから，正答は４です。

正　答

4

⑨ 試合の問題②
～トーナメントは負けたら終わり！～

ここでは，トーナメント戦を扱います。トーナメント戦では，試合に負けるとそのチームはもう試合には出ません（敗者復活戦等を除く）。どのチームがどの位置にいるかを条件から考えていきましょう。

例 題

A～Hの8チームが綱引きの試合を図のようなトーナメント戦で行った。ア～オのことがわかっているとき，確実にいえるのはどれか。ただし，すべての試合において引き分けはなかった。

- ア　1回戦でHチームに勝ったチームは，2回戦でEチームに負けた。
- イ　Dチームは全部で2回の試合を行った。
- ウ　1回戦でBチームに勝ったチームは，3回戦まで進んだが，優勝はしなかった。
- エ　1回戦でAチームに勝ったチームは，2回戦でFチームに勝った。
- オ　CチームはEチームに負けた。

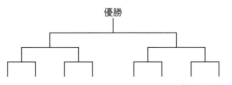

【H21　国家一般職［大卒］】

- **1**　AチームはGチームと対戦した。
- **2**　BチームはCチームと対戦した。
- **3**　CチームはFチームと対戦した。
- **4**　DチームはHチームと対戦した。
- **5**　EチームはGチームと対戦した。

まず，次のページのように①～⑧と設定して，それぞれ左側のチームが勝ったとしましょう。勝ったチームがわかるように，線を色にしておきます。

まずは勝ち進み方を先に決めよう！

STEP 1　条件からチームの場所を考える

　まずは条件ウを見てください。該当するチームの番号はわかりますか？

　このチームは3回戦で負けて優勝しなかった，すなわち準優勝で⑤，そして1回戦でBに勝っていますので，Bは⑥だとわかります。

条件ウから？
なるべく場合分けを少なくするために，より具体的な条件から進めよう。

　次に条件エを見ましょう。該当するチームは2回戦で勝って決勝戦にいきました。条件ウで準優勝のチームがあったので，こちらのチームは優勝したことがわかります。よって，そのチームが①，このチームに1回戦で負けたAは②，2回戦で負けたFは③となります。

　条件イにいきます。Dは2回戦で負けたので，③または⑦になりますが，③はすでにFと決まっていますので⑦とわかります。

　ここまでを図に記入しておきます。

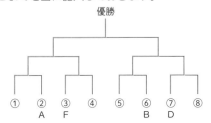

2回試合を行ったということは？
1回戦で勝ち，2回戦で負け，3回戦（決勝戦）には進めなかったということだよね。

STEP 2　さらに条件からチームを考える

　残る条件はアとオですね。どちらを優先しましょうか。

　条件アは，該当するチームがFとDの2チーム考えられます。

　条件オはどうでしょう。CとEの対戦場所として残っているのは決勝戦だけです。つまり，決勝戦でCはEに負けたということがわかります。Eが①，Cが⑤と決まりました。

　再び条件アに戻って考えると，2回戦でEに負けたFは1回戦でHに勝っていますので，Hが④となります。残るGが⑧です。

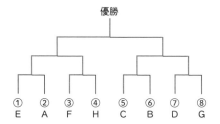

優勝

① ② ③ ④ ⑤ ⑥ ⑦ ⑧
E A F H C B D G

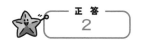

STEP 3 | <u>選択肢を検証する</u>

1, **3**, **4**, **5**は正しくありません。
2が正しいです。

練 習 問 題 1

A～Hの8チームが，次の図のようなトーナメント戦で野球の試合を行った。今，次のア～オのことがわかっているとき，確実にいえるのはどれか。ただし，引き分けた試合はなかった。

ア　1回戦でBチームに勝ったチームは，優勝した。

イ　1回戦でAチームに勝ったチームは，2回戦でCチームに勝った。

ウ　1回戦でGチームに勝ったチームは，2回戦でFチームに負けた。

エ　Dチームは，Fチームに負けた。

オ　Eチームは，全部で2回の試合を行った。

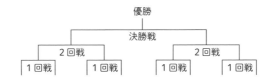

【R4　特別区】

1　Aチームは，Dチームと対戦した。

2　Bチームは，Hチームと対戦した。

3　Cチームは，Gチームと対戦した。

4　Dチームは，Eチームと対戦した。

5　Fチームは，Hチームと対戦した。

STEP 1　勝ち進み方を先に決めよう

　トーナメント表の中には限定する要素がないので，勝ち進み方を先に決めてみます。これにより，勝ち負けと試合数が決まるので，ぐっと解きやすくなります。例えば次のように勝ち進み方を決めます。トーナメント表の左から順に①～⑧と置くことにします。

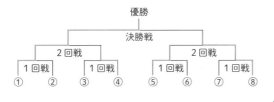

決められるものは
先に決めてしまう
のは，判断推理を
楽に解くための鉄
則だよ。

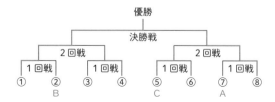

STEP 2　実際に条件をあてはめてみよう

　優勝したチームを①とすると，条件アより②はBになります。条件イの1回戦でAチームに勝ったチームはこの時点では④⑤⑧のいずれかですが，2回戦も勝っているので，⑧に決まります。これより⑦はAチーム，⑤はCチームに決まります。

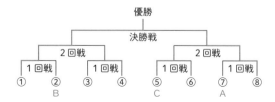

　条件ウの1回戦でGチームに勝ったチームは④となるので，③はGチームになります。そのGチームに勝った④は2回戦でFチームに負けているので，Fチームは①と決まります。

　条件オよりEチームは2回試合を行ったことがわかるので，2試合行って残っているのは④となります。

　条件エのFチームに負けたDチームは⑧だとわかり，残りの⑥はHチームに決まります。

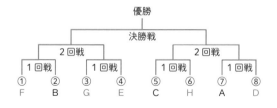

順番に条件にあてはめていくだけで，どんどん表が完成するね。

STEP 3　選択肢を吟味する

1　正しい。

2　Bチームが対戦したのはFチームなので誤り。

3　Cチームが対戦したのはHチーム（1回戦）とDチーム（2回戦）なので誤り。

4　Dチームが対戦したのはAチーム（1回戦）とCチーム（2回戦）とFチーム（決勝戦）なので誤り。

5　Fチームが対戦したのはBチーム（1回戦）とEチーム（2回戦）とDチーム（決勝戦）なので誤り。

　よって，正答は**1**となります。

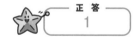

正答
1

練 習 問 題 2

A～Gの7人が下の図のようなテニスのトーナメント戦を行った。
さらに対戦結果について次のア～オのことがわかった。

ア　Aは1回だけ勝ち，Bには負けた。
イ　Cは初戦でGに敗退した。
ウ　AとDは，ともにEとは対戦しなかった。
エ　Dは2回戦で敗退した。
オ　Gは2回勝ち，決勝戦で敗退した。

以上から判断して，確実にいえるのはどれか。

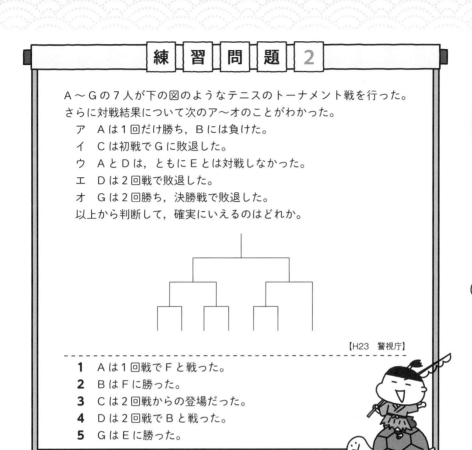

【H23　警視庁】

1　Aは1回戦でFと戦った。
2　BはFに勝った。
3　Cは2回戦からの登場だった。
4　Dは2回戦でBと戦った。
5　GはEに勝った。

以下のように①から⑦とおきます。何やら複雑なトーナメントですが，なるべく
場合分けが少なくなるように条件を読んでいきましょう。

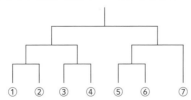

🐬 STEP 1 | 条件からチームの場所を考える

条件オに注目します。Gは2回勝って決勝戦で敗退したということは，決勝戦の
前に2回戦ってるわけですから，①（または②から④でもOK）か⑤（または⑥）
だとわかります。さらに条件イより，Gが①ならばCは②，Gが⑤ならばCは⑥

です。ここまでをまとめてみます。

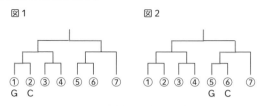

図1　　　　　　　　　　図2

場所の指定がないとき

Gは①から⑥のいずれでも OK。選択肢に場所の指定はないので，ここでは左側を勝ったチームとしよう。指定がないときには「左側が勝ち」などと自分のルールを決めておくといいよ！

STEP 2　場合分けしてさらに考える

図1の場合

　条件アより，Aは1回目に勝ち，2回目にはBに負けています。Aは⑤，Bが⑦となります。Aが③や⑦の場合は，2回目にGと対戦することになるからです。

　さらに条件エより，Dは③となりますが，条件ウを満たすEの位置がありません。よってこの場合は不適になります。（図1－2）

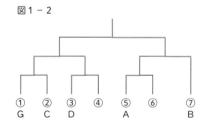

図1－2

図2の場合

　面倒がってはいけませんよ。図2の場合も考えましょう。条件アより，Aが③でBが①となります。さらに条件エよりDは⑦，条件ウよりEは②となります。残るFが④となり，図2－2が完成しました。

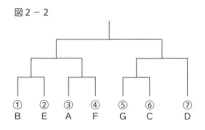

図2－2

STEP 3 | 選択肢を検証する

1 正しいです。

2 B は F と対戦していません。

3 C は 1 回戦から登場しています。

4 D は 2 回戦で G と戦っています。

5 G は E と戦っていません。

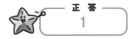

正　答
1

第 3 章

図を使って まとめよう！

10 順序を決める問題
～大きなかたまりを作ろう～

ここでは順序関係についての問題を取り扱います。順序関係を把握するためには、問題の条件を記号の並びに表すところからスタートです。そして、並べた記号を組立ててパズルのように解いていくのですが、なるべく大きなかたまりを作っておくと解きやすくなりますよ。

例 題

A～Fの6人の誕生月について次のことがわかっているとき、確実に言えるのはどれか。ただし、6人の中に同じ誕生月の者はいないとする。

・6人の誕生月のうち、3人の誕生月は3連続になっていて、他の3人の誕生月は誰とも連続していない。
・Aの6か月後はEの誕生月である。
・Bの3か月後はCの誕生月である。
・Eの5か月後はDの誕生月である。
・Fの4か月後はBの誕生月である。

【R3　市役所】

---

1 Aの4か月後はCの誕生月である。
2 Bの4か月後はEの誕生月である。
3 Cの1か月後はDの誕生月である。
4 Dの2か月後はFの誕生月である。
5 Eの4か月後はFの誕生月である。

🐬 STEP 1　条件を記号で表してみよう

まずは、問題の条件を記号の並びで表してみます。右側の記号ほど、時間的に後を示します。2つ目から5つ目の条件は次のように表せます。

・Aの6か月後はEの誕生月である。　…A○○○○○E
・Bの3か月後はCの誕生月である。　…B○○C
・Eの5か月後はDの誕生月である。　…E○○○○D
・Fの4か月後はBの誕生月である。　…F○○○B

 **STEP 2** 大きなかたまりを作ってみよう

　この中で同じ人物を探すと，EとBが2回出てくることがわかりますね。それでは，これらをつなげて大きなかたまりにしてみましょう。

A ○○○○○ E ○○○○ D
F ○○○ B ○○ C

 上段の記号の並びはこの時点で12か月を表しているよ。

 **STEP 3** 選択肢をあてはめてみよう

　今度は **STEP2** でできた記号の並びをつなげてみましょう。まず，1年は12か月なので，最大でも12個までしかつなげることができません。また，12月の次の月は1月になるので，一列で示すにしても，両端はつながって円状になっていることに注意しましょう。ここに気づくことができるかが，今回の問題を解くカギになります。もちろん，このことを表すために円で示してもよいですよ。

　しかし，実際につなげようとすると場合分けが多くなります。ですから，選択肢**1〜5**をあてはめていくことにします。

 場合分けが多いと感じたら選択肢をチェックしていったほうが早いよ！

1 Aの4か月後をCの誕生月とすると次のようになります。

A ○○○○○ E ○○○○ D
　○ B ○○ C　　　　F ○○

　このとき，1つ目の条件にある3連続になっているのが DAB で，ほかの3人の誕生月は連続していないので条件を満たします。

2 Bの4か月後をEの誕生月とすると次のようになります。

A ○○○○○ E ○○○○ D
　○○ B ○○ C　　　　F ○

　このとき，1つ目の条件にある3連続になっているのが FDA ですが，それ以外にもCとEが連続しているので条件に合いません。

3 Cの1か月後をDの誕生月とすると次のようになります。

A ○○○○○ E ○○○○ D
　F ○○○ B ○○ C

　このとき，1つ目の条件にある3連続になっているのが CDA ですが，それ以外にもEとBが連続しているので条件に合いません。

4　Dの2か月後をFの誕生月とすると次のようになります。

A ○○○○○ E ○○○○ D
F ○○○ B ○○ C

このとき，１つ目の条件にある３連続になっているのが DAF ですが，それ以外にも B と E が連続しているので条件に合いません。

5　Eの4か月後をFの誕生月とすると次のようになります。

A ○○○○○ E ○○○○ D
○○ B ○○ C 　　　　F ○

このとき，１つ目の条件にある３連続になっているのが FDA ですが，それ以外にも C と E が連続しているので条件に合いません。

よって，正答は１となります。

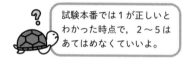

試験本番では１が正しいと
わかった時点で，２〜5は
あてはめなくていいよ。

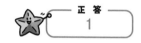

正　答
1

練 習 問 題 1

A〜Eの5人の生徒が立候補して,生徒会の選挙が行われた。5人が全生徒の前で1人ずつ順番に演説した後,投票が行われ,得票数の多い生徒から順番に3人が生徒会長,副会長,書記に当選した。演説の順番および選挙の得票数について,次のことがわかっているとき,確実にいえるものとして最も妥当なのはどれか。

ただし,投票は1人1票とする。

○ Dは1番目に演説した。

○ AはEの直後に演説した。

○ Cは書記に当選した。

○ 3番目に演説した生徒の得票数は,全生徒数の半分を超えていた。

○ 当選した生徒の直前および直後に演説した生徒がいた場合,それらの生徒は当選しなかった。

【R3 国家専門職】

1 Aは生徒会長に当選した。

2 Bは当選しなかった。

3 Cの得票数はDよりも多かった。

4 Dは当選しなかった。

5 Eの得票数はBよりも少なかった。

STEP1 どのようにまとめるかを考える

この問題は順序だけではなく,得票結果の役職も考えなければいけないので,次のような表にまとめてみます。

演説順	1	2	3	4	5
生徒					
役職					

> 生徒だけなら一列に並べればいいけど,役職もあるから2列のほうがわかりやすいよね。

条件を表にまとめると次のようになります。過半数の得票数より多い得票数はないので,4つ目の条件にある「全生徒数の半分を超え」る得票数を得た3番目の生徒は生徒会長です。

演説順	1	2	3	4	5				
生徒	D						E	A	C
役職		×	会長	×					書記

107

書記に当選したCが入るのは5番目となります。これよりDは副会長に決まります。

演説順	1	2	3	4	5		
生徒	D				C	E	A
役職	副会	×	会長	×	書記		

STEP 2 残りの条件をあてはめる

残りはAとEの条件ですが，Eが①2番目だったときと，②3番目だったときで場合分けをします。実際にあてはめると次のようになります。

①Eが2番目だったとき

Eが2番目でAが3番目になります。Bは残りの4番目に決まります。

演説順	1	2	3	4	5
生徒	D	E	A	B	C
役職	副会	×	会長	×	書記

②Eが3番目だったとき

Eが3番目でAが4番目になります。Bは残りの2番目に決まります。

演説順	1	2	3	4	5
生徒	D	B	E	A	C
役職	副会	×	会長	×	書記

STEP 3 選択肢を吟味する

1 ①の場合，Aは生徒会長に当選していないので誤り。

2 正しい。

3 Dが副会長でCが書記なので，Dのほうが得票数が多いので誤り。

4 Dは副会長で当選している。

5 ①の場合はEとBの得票数は判断できず，②の場合はEは会長なのでBより得票数が多いので誤り。

　よって，正答は**2**となります。

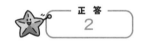

正答
2

練　習　問　題　2

A，B，C，D，E，F の 6 人が折り返し地点で同じコースを引き返す
マラソン競争をした。6 人は異なる順で折り返し地点を折り返し，そ
の後の順位変動はなかった。折り返しの状況について，次のア〜オの
ことがわかっているとき，確実にいえるものはどれか。

　ア　A は 4 人目に F とすれ違った。
　イ　B は 5 人目に D とすれ違った。
　ウ　C は 2 人目に E とすれ違った。
　エ　E は 2 位ではなかった。
　オ　B と C の順位は連続していなかった。

【R3　裁判所】

- -

　1　A は 1 位であった。
　2　B は 2 位であった。
　3　C は A より遅く，B より早くゴールした。
　4　D は 5 位であった。
　5　E は C より遅く，B より早くゴールした。

🐬 STEP 1　折り返しの状況について考える

　まずは問題文の状況を把握しましょう。例えば図のように X が 3 番目に走って
いたとしましょう。すると，折り返しの前で X は 1 位の人と 1 番目に，2 位の人
と 2 番目にすれ違います。その後，今度 X が折り返して 4 位の人と 3 番目に，5
位の人と 4 番目にすれ違います。

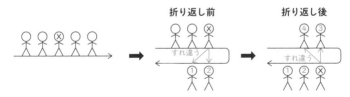

　それでは，アの条件をこれにあてはめて考えてみます。A が 1 位のときから 6 位
のときまで表にまとめてみます。

順位	1	2	3	4	5	6
選手	A				F	
		A			F	
			A		F	
				A	F	
				F	A	
					F	A

　すると，A は全順位が考えられますが，F は 4 位か 5 位になります。これより「X は n 番目に Y とすれ違った」という条件のとき「Y は n 位か n ＋ 1 位」ということが読み取れます。このように折り返しの問題は主語の人物より，すれ違いの対象となった人物のほうが限定性が強くなるので，この対象となった人物を中心にまとめていくとよいでしょう。

STEP 2 ｜ 式にあてはめる

　STEP 1 で導き出せた式に条件ア〜ウをあてはめると，次のことがわかります。
条件ア　F は 4 位か 5 位
条件イ　D は 5 位か 6 位
条件ウ　E は 2 位か 3 位

条件を式にあてはめたらすごくシンプルになったね。

STEP 3 ｜ 条件からわかることを表にまとめる

　条件ウでは E は 2 位か 3 位の可能性がありますが，条件エより E は 3 位と確定します。これより C は 1 位か 2 位となります。

順位	1	2	3	4	5	6
選手	C		E			

　C が 1 位か 2 位となると，条件オより B は 4 〜 6 位のいずれかになります。条件イより，D の順位も確定します（①〜③）。

順位	1	2	3	4	5	6	
選手		C	E	B		D	…①
		C	E		B	D	…②
		C	E		D	B	…③

条件アより「Fは4位か5位」なので，次のように決まります。

順位	1	2	3	4	5	6	
選手	C	E	B	F	D		…①
	C	E	F	B	D		…②
	C	E	F	D	B		…③

これより，Aは1位か2位となりますが，条件アより4人目にFとすれ違うことができるのは①のみで1通りに確定します。

順位	1	2	3	4	5	6
選手	AかC	E	B	F	D	

これ以上の順位は確定しません。
よって，正答は**5**となります。

正答
5

11 位置を決める問題①

～隠れている人はどこにいる？～

ここでは位置関係についての問題を取り扱います。順序関係と同様に，問題文に書かれている条件を図や記号で整理するところからスタートです。同じ人物が出てきたら組合わせて大きなかたまりにしていきます。

図のような 16 の部屋から成る 4 階建てのワンルームマンションがある。A ～ H の 8 人がいずれかの部屋に 1 人ずつ住んでおり，A ～ H の 8 人が住んでいる部屋以外は空室である。また，各階とも東側から西側に向かって 1 号室，2 号室，3 号室，4 号室の部屋番号である。このワンルームマンションについて次のことがわかっているとき，確実にいえるのはどれか。

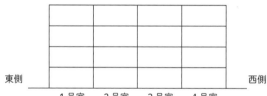

○ A は 1 階の 1 号室に住んでいる。また，他の階で 1 号室に住んでいるのは，H のみである。
○ B は 2 階に住んでいる。また，B の隣の部屋は両方とも空室である。
○ C は，D の一つ真下の部屋に住んでおり，かつ E の一つ真上の部屋に住んでいる。また，E の隣の部屋には G が住んでいる。
○ F は 2 号室に住んでおり，C より上の階に住んでいる。
○ F，G，H の 3 人はそれぞれ異なる階に住んでいる。

【R 元　国家一般職】

----

1 B と C は異なる階に住んでいる。
2 D と F は同じ階に住んでいる。
3 H の隣の部屋は空室である。
4 1 階に住んでいるのは 2 人である。
5 すべての部屋が空室である階がある。

STEP 1 | 条件を図にしてパーツを作っていく

　1つ目と2つ目の条件と4つ目の前半の条件を記入して，3つ目の条件を図で示すと次のようになります。このとき，2つ目の条件に出てくる「2階」を表現するために，Bは2階の高さに置くとわかりやすいですよ。

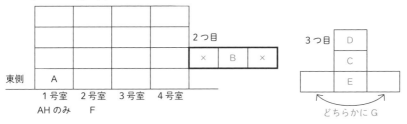

STEP 2 | 迷ったら場合分けをしよう

　2階に決まっているBが2号室か3号室かで場合分けをしてみましょう。

① Bが2階の2号室の場合

　3つ目の条件のEは1階の4号室となります。

位置関係の問題は，場合分けもどんどん書いたほうが，結局は早く解けるかも。

　4つ目の条件よりCよりFのほうが上の階に住んでいるので，Fは3階か4階となり，5つ目の条件よりHはFとは異なる階なので3階か4階になります。その他の部屋は空室になります。

　さらにFが3階のとき…⑦と，4階のとき…⑦を分けて考えてみます。

⑦ Fが3階のとき

Hは1号室でHとは異なる階なので4階となり，次のようになります。

	1号室	2号室	3号室	4号室
	H	×	×	×
	×	F	×	D
	×	B	×	C
東側	A	×	G	E	西側

⑦ F が 4 階のとき

H は 1 号室で H とは異なる階なので 3 階となり，次のようになります。

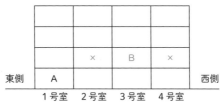

×	F	×	×
H	×	×	D
×	B	×	C
A	×	G	E

東側　A　×　G　E　西側

1 号室　2 号室　3 号室　4 号室

② B が 2 階の 3 号室の場合

×	B	×	
A			

東側　A　　　　　　　西側

1 号室　2 号室　3 号室　4 号室

AH のみ　F

　3 つ目の条件が入るところが無いので正しくないとわかります。

以上より，⑦の場合のみ成立します。

STEP 3　選択肢を吟味する

1　B も C も 2 階に住んでおり，同じ階に住んでいるので誤り。

2　⑦の場合 D と F は異なる階に住んでいるので誤り。

3　正しい。

4　1 階に住んでいるのは A，E，G の 3 人なので誤り。

5　⑦，⑦全ての部屋が空き部屋の可能性はないので誤り。

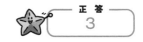

正答
3

図のような座席配置の乗車定員8人の車で，A～Fの6人がドライブに出かけた。往路と復路では運転手が替わったが，運転手であった2人以外は常に同じ座席に座っていた。ア～オのことがわかっているとき，確実にいえるのはどれか。

ただし，全員が運転できるものとする。

ア　横の列はいずれも常に2人座っていた。
イ　Aの前の座席には常にBが座っていた。
ウ　EとFは常に側面の座席に座っていた。
エ　Aの隣の座席は往路は空席であったが，復路では往路の運転手であった人が座った。
オ　往路ではEの前と隣の座席は埋まっていたが，復路では，Eの前の座席に座っていた人が運転手であった。

【H15　国家一般職〔大卒〕】

- -

1　Aの後ろは常に空席であった。
2　Bの左隣には常にEが座っていた。
3　Cは常に2列目に座っていた。
4　Dは復路の運転手であった。
5　Fは往路の運転手であった。

🐬 STEP1　条件からわかることを整理する

　まず，運転手以外は固定席で，しかも条件ア（横の列はいずれも常に2人座っていた）より，帰りの運転手が往路に座っていた列と，行きの運転手が復路で座った列は同じとわかります。なぜなら，たとえば行きの運転手が復路で3列目に座り，2列目の人が復路を運転して帰ったら，3列目は，復路3人がけになってしまうか

らです。ですから，往路の車内で復路の運転手が座っていた列に，復路の車内で往路の運転手が座ることになるわけです。

　ただし，条件エより，運転しない運転手が座った席は列が同じだけで違う席でなければなりません。また，運転しない運転手が座った席と同じ列にＡが座っていることになります（同じく条件エ）。

　次に，運転しない運転手とＡが座っていた列は，２列目と決まります。なぜなら，条件イよりＡの席には前の席があるので１列目はありえず，条件オより復路の運転手はＥの前に座っていたので３列目はありえないからです。

　したがってＡは，往復とも２列目に座ったことに確定しました。しかも条件エより，Ａは，往路の車内では帰りの運転手と１人空けて隣に座り，復路の車内では行きの運転手と隣り合わせに座ったことになります。

　さらに，ＡとＢは往復とも運転手ではありえません。なぜなら，上記のとおり，Ａは往復とも２列目に座っていますし，また，Ｂは往復とも固定席のＡの前に常に座っていたのだから，運転手にはなれません。

STEP 2　図に書き込んでいく

　そろそろ実際に図の中に書き込んでいきましょう。Ａが２列目であること，往路では帰りの運転手と１人空けて隣に座ったこと，Ａの前のＢが運転手ではないこと，から，次のことがわかります。

B			運転席
A	（往路）空席	（往路）帰りの運転手
	（復路）行きの運転手	（復路）空席

　条件オよりＥの席は３列目の右側となります。往路においてＥの隣は埋まっていたので３列目左側は往復とも空席であることがわかります。

B			運転席
A	（往路）空席	（往路）帰りの運転手
	（復路）行きの運転手	（復路）空席
			E

　条件ウよりＦは往復とも側面の座席だったので，Ｆは，往路の車内でＥの前に座り，復路で運転手となった人物と決まります。

B		（往路）
		（復路）F
A	（往路）空席	（往路）F
	（復路）行きの運転手	（復路）空席
		E

常に側面って？
「常に側面」といわれて「固定席」と考えてはいけないよ。

最後に，3列目中央と往路の運転手が C か D になるものの，いずれかはっきりしません。勘違いのないように2通りの図を書いてしまいましょう。

B	✕	（往路）D （復路）F
A	（往路）空席 （復路）D	（往路）F （復路）空席
✕	C	E

B	✕	（往路）C （復路）F
A	（往路）空席 （復路）C	（往路）F （復路）空席
✕	D	E

STEP 3　選択肢を吟味する

1　A の後ろは往復とも空席でした。正しい記述です。

2　B の左隣は車外になってしまいます。よって誤り。

3　C は，往路運転手（1列目）で復路2列目か，往復とも3列目でした。よって誤り。

4　復路の運転手は F でした。よって誤り。

5　F は往路ではなく復路の運転手でした。よって誤り。

正　答
1

練 習 問 題 2

次の図のような十字型の道路に面して①〜⑧の家が並んでおり，A〜Hの8人が1人ずつ住んでいる。今，次のア〜カのことがわかっているとき，確実にいえるのはどれか。

ア　Aの家は，2つの道路に面している。

イ　AとBの家は，道路を挟んで真向かいにある。

ウ　Cの家の隣にはDの家があり，BとDの家は，道路を挟んで真向かいにある。

エ　CとHの家は，道路を挟んで真向かいにある。

オ　Eの家の道路を挟んだ真向かいに家はない。

カ　Fの家の隣の家とAの家は，道路を挟んで真向かいにある。

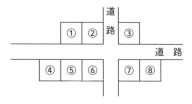

【H25　特別区】

1　Aの家は，⑥である。

2　Bの家は，②である。

3　Cの家の隣は，Eの家である。

4　Dの家の隣は，Fの家である。

5　Eの家の隣は，Gの家である。

　8人もいて条件も6つ！　何やら大変そうですが，じっくりと考えていきましょう。

🐬 STEP 1　条件を整理する

　アの条件から，Aは十字型の交差点に面しており，②③⑥⑦のいずれかであることがわかります。また，イとウの条件から，Aと道路を挟んで真向かいのBと，さらにその真向かいのDもこのいずれかですね。ここまでをまとめて書いておきます。

> **他の条件から進めたらダメ？**
> たとえばエの条件から進めると，CとHの家は，①⑤，②⑥，③⑦，②③，⑥⑦のペア（しかも数字の順序が逆も可）が考えられ，場合分けの図を書くだけで時間がかかりそうだね。なるべく時間を短縮できる条件から進めよう。

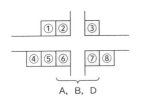

真向いの真向い？
AとBが道路を挟んで真向いで，BとDも道路を挟んで真向いということは，AとDは交差点のちょうど反対側になるね。

A，B，D

STEP 2　どんどん整理していこう

　他の条件を見てみましょう。エの条件から，CとHは①⑤のいずれかになります。さらにウの条件からCの隣がDですから，次のように場合分けができます。

〈図1〉　　　　　　〈図2〉

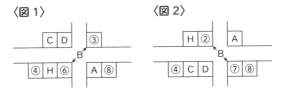

　条件カはどうでしょう。Fの隣とAが道路を挟んで真向いですが，図1ではそのような条件を満たすFの位置はありません。図2ではFは⑧になりますね。さらにオの条件より，Eは④となります。残りのGについては条件がありませんので，②または⑦になります。

STEP 3　選択肢を吟味する

1　Aの家は，⑥である。→Aの家は③なので誤り。
2　Bの家は，②である。→Bは②または⑦なので確実にはいえない。誤り。
3　Cの家の隣は，Eの家である。→正しい。
4　Dの家の隣は，Fの家である。→Dの家の隣はCの家なので，誤り。
5　Eの家の隣は，Gの家である。→Eの家の隣はCの家なので，誤り。
したがって，正答は3です。

正答
3

A～D の 4 人が円卓を囲んで座っている。4 人はそれぞれスポーツと楽器の趣味を 1 つずつ持っており，この点について以下のことがわかっている。

・4 人の持っているスポーツと楽器の趣味はそれぞれすべて異なっている。

・A の左側に座っている者の趣味はバイオリンで，右側に座っている者の趣味はラグビーである。

・B の左側に座っている者の趣味はテニスで，右側に座っている者の趣味はピアノである。

・C の左側に座っている者の趣味はトランペットで，右側に座っている者の趣味はサッカーである。

・D の左側に座っている者の趣味はスキーで，右側に座っている者の趣味はギターある。

このとき確実にいえるものはどれか。

【H12　市役所】

- -

1 A の趣味がギターならば，C の趣味はバイオリンである。

2 B の右側には A が座っている。

3 B の趣味がサッカーならば，D の趣味はトランペットである。

4 C の左側には D が座っている。

5 D の趣味がラグビーならば，C の趣味はスキーである。

🐬 STEP 1 　視覚的にとらえる

今回は円形です。また，条件を書き込む際の基準は A にしましょう。

A の左側にだれが座っているか仮定しながら条件の書き込みをしていきます。

まず，A の左側には B が座っていると仮定しましょう。「A の左側に座っている者の趣味はバイオリンで，右側に座っている者の趣味はラグビーである」（これをわかりやすく「バイオリン A ラグビー」と書くことにします。以下同様）を書き込むと，図 1 のようになります。

> **1つずつ**
> 少しずつ，1つずつ条件を変えて，あせらずにすべての場合を網羅しよう。

図1

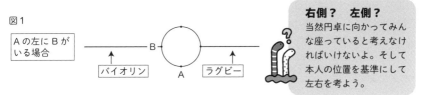

A の左に B が いる場合

右側？　左側？
当然円卓に向かってみんな座っていると考えなければいけないよ。そして本人の位置を基準にして左右を考えよう。

次の条件は，「テニス B ピアノ」です。書き込んだのが図2です。

図2

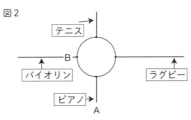

さらに次の条件を加えるためには C（C が決まれば D も決まる）の座る位置を仮定しなければなりません。A の右側に C を座らせてみましょう。すると，条件に「トランペット C サッカー」とあり，図2とは異なってしまいます。したがって，C は B の左側（A の正面）に座らせましょう。図3のようになります。

図3

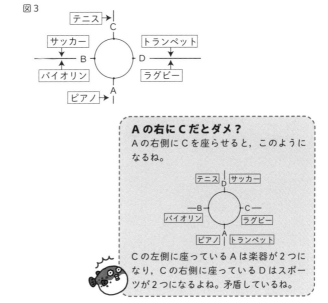

A の右に C だとダメ？
A の右側に C を座らせると，このようになるね。

C の左側に座っている A は楽器が2つになり，C の右側に座っている D はスポーツが2つになるよね。矛盾しているね。

最後の条件「スキー D ギター」も図4のとおり成り立ちます。

図4

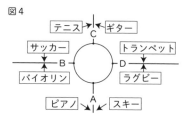

![STEP 2 イラスト] **STEP 2** | 条件を書き込んでいく

STEP1では，Aを基準にしてAの左側にBを座らせました。では，次にAの左側にCを座らせてみましょう。条件「バイオリンAラグビー」と「トランペットCサッカー」を加えてみます。それが図5です。

図5

A の左に C がいる場合

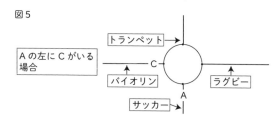

図5でB（あるいはD）をどこに座らせるかが次の問題です。Cの左側にBを座らせて「テニスBピアノ」という条件を照らし合わせると…成り立ちません。

では，Cの左側にDを座らせてみます。今度はどうでしょう。「スキーD ギター」でもだめでした。つまり，Aの左側にCは座っていないということがわかりました。

では，次にAの左側にDを座らせてみましょう。条件「バイオリンAラグビー」と「スキーD ギター」を加えてみます。それが図6です。

図6

A の左に D がいる場合

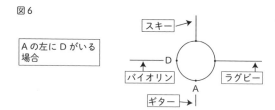

先ほどと同様に，図6でB（あるいはC）をどこに座らせるかが次の問題です。Dの左側にBを座らせて「テニスBピアノ」という条件を照らし合わせると…成り立ちません。

では，Dの左側にCを座らせてみます。今度はどうでしょう。「トランペットCサッカー」と「テニスBピアノ」の条件を加えると，図7のとおり成り立ちました。

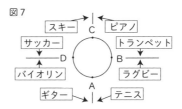

図7

以上のことから，次の2通りが問題の条件に合っていることがわかりました。

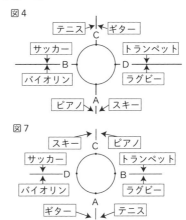

図4

図7

1つに決まらない？

図4と図7のどちらかに特定できないのは，問題文の条件が足りないからなんだ。しかし，このような問題もあるので，1つに特定できないからといってあせらないようにしよう。大切なことは，「確実なこと」と「確実でないこと」の区別ができるかどうかだよ。

STEP 3 選択肢を吟味する

　本問では，条件が足りないために全員が座っている状態を1通りに特定できませんでした。図4・図7の2通りのどちらをも満足する選択肢がどれなのか探してみることにします。

条件どうしの関係

AとCが「右に楽器」「左にスポーツ」，BとDが「右にスポーツ」「左に楽器」となっていて共通してるね。このことからAとC，BとDが真向かいの席になることがわかるよ！

1　Aの趣味がギターならば，Cの趣味はバイオリンである。
　　図7より，不適当です。

2　Bの右側にはAが座っている。
　　図4ではそのとおりですが，図7では違います。確実にはいえません。

3　Bの趣味がサッカーならば，Dの趣味はトランペットである。
　　「Bの趣味はサッカーで，Dの趣味はトランペットである」という選択肢でしたら，確実にはいえませんが，「Bの趣味がサッカーならば」と限定した選択肢なので，図4だけを見ればよいので，確実にいうことができます。

4　Cの左側にはDが座っている。
　　図4ではそのとおりですが，図7では違います。確実にはいえません。

5 Dの趣味がラグビーならば，Cの趣味はスキーである。

　　図4だけを見ればよいのですが，Cの趣味はテニスなので，この選択肢は不適当です。

以上のことから，正答は3です。

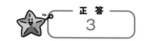

正　答
3

練 習 問 題 4

図のような円いテーブルにA〜Hの8人が座り，コーヒー，紅茶，ジュースの中から一つずつ注文した。ア〜オのことがわかっているとき，確実にいえるのはどれか。

ア　コーヒー，紅茶，ジュースを注文した者の数はそれぞれ異なっており，また，隣り合った者は異なるものを注文した。

イ　Aは紅茶を注文し，Aの正面の者はコーヒーを注文した。

ウ　Bはコーヒーを注文し，また，BとCとの間に2人が座っている。

エ　Dが注文したものと，Dの正面に座った者が注文したものとは異なっていた。

オ　Eの正面に座った者の両隣の者は，ジュースを注文した。

【H19　国家一般職［大卒］】

1　Aの隣にEが座っている。
2　Bの隣にFが座っている。
3　Dの隣にCが座っている。
4　Gが注文した飲み物は，紅茶である。
5　Hが注文した飲み物は，ジュースである。

 STEP 1　3種類の飲み物の人数を出しておく

　かなり複雑な問題のようです。どこから手をつけたらよいか途方にくれるかもしれませんが，アの条件から，3種類の飲み物の人数を出しておくことが先決です。実は，これだけで正答が導き出せるようになっているのです。

> **いきなり書き込まない！**
> 条件アを飛ばして，いきなりイ〜オを書き込んではいけない。まずは飲み物ごとの人数を決めるんだ。急がば回れ！　だよ！

　条件ア（注文した人数はそれぞれ異なっている，隣り合った者は異なるものを注文した）より，飲み物は3種類しかないのですから，8人のうち4人は同じものを注文したことがわかります。この4人は，隣り合うことのない，向かい合った2組なので，残りの4人は，3人と1人に分けることができます。

　そこで，同じものを注文した4人が何を注文したかを考えてみましょう。この4人は向かい合った2組（しかも隣り合わない）なので，条件イ（Aは紅茶を注文し，Aの正面の者はコーヒーを注文した）より，この4人が注文したのは，紅茶でもコーヒーでもない，ジュースであることが確定しました。紅茶とコーヒーは，3人と

1人なのですが，どちらが3人でどちらが1人かは，まだわかりません。

4人	ジュース
3人	コーヒー or 紅茶
1人	紅茶 or コーヒー

STEP 2 　ジュースを注文した4人を決める

　ジュースを注文した4人がだれなのかを決めましょう。条件イよりAはジュースではない（Aは紅茶）。条件ウよりBはジュースではない（Bはコーヒー）。条件エよりDはジュースでない（紅茶かコーヒーか不明）。条件オよりEはジュースでない（しかし紅茶かコーヒーか不明）。

　以上より，A，B，D，Eがジュースを注文していないので，ジュースを注文した4人は，C，F，G，Hということがわかります。

4人	ジュース	C F G H
3人	コーヒー or 紅茶	A B D E ‖ ‖ ‖ ‖ 紅コ？？
1人	紅茶 or コーヒー	

STEP 3 　8人の座席を決める

　8人の位置関係（座席）を決めましょう。Aの正面がBの場合，Dの場合，Eの場合について，検討していく必要があります。

　①Aの正面をBと仮定すると，

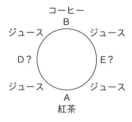

どの条件から使うか
イ～オの中で使いやすい条件は，注文した人が1人に特定される紅茶と，コーヒーに関する条件イですね。まずはイから書き込んでいこう！

　DとEの入れ替えは可能ですが，条件エよりこの2人は紅茶とコーヒーの組合せになります。すると紅茶とコーヒーが2人ずつになって条件アに反することになってしまいます。このことから，Aの正面をBとした仮定が誤っていたことになります。したがって，Aの正面はBではありえません。

Aをどこに座らせる？
中心人物を座らせる位置はどこでもよいよ。ただ，左右を間違えないように円の下のほうに置いておくのが無難だね。

② A の正面を D と仮定すると，

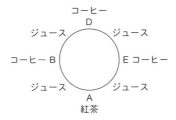

　B と E の入れ替えは可能ですが，条件ウより B はコーヒーを注文したので，この2人（B と E）はコーヒーと決まります。C は E の左右の隣のいずれかに座ることになります。そして，ほかの空いた3か所に F・G・H が座ってジュースを注文することになります。この場合は矛盾なく確定しました。

　③ A の正面を E と仮定すると，

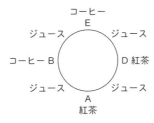

　B と D の入れ替えは可能ですが，条件ウより B はコーヒー，条件エより D は紅茶と決まっています。しかしこれでは紅茶とコーヒーが2人ずつになって条件アに反します。このことから，A の正面を E とした仮定が誤っていたことになります。したがって，A の正面は E ではありえません。

　結局②の場合しか成り立たないことがわかりました。

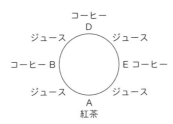

STEP 4 │ 選択肢を吟味する

1 A と E が隣り合うことはない。よって誤り。

2 B の隣に F が座ることはありうるが，必ずとはいえないので誤り。

3 D の隣に C が座ることはありうるが，必ずとはいえないので誤り。

4 G が注文した飲み物は，ジュースであって紅茶ではないので誤り。

5 正しい。H が注文した飲み物は，ジュースである。

正 答

5

12 位置を決める問題②
～東西南北は距離と方位と～

ここでは位置関係の中でも方位を決める問題を解いてみます。図にする際には方位と距離の2つを考慮しなくてはいけません。また，選択肢を選ぶ際にも注意が必要です。ポイントは次の2つです。
●問題文の内容は視覚的にとらえるとわかりやすい。
●はっきりしないところを勝手に決めつけない。

例　題

等間隔の碁盤の目状の街路にA〜F 6か所の交差点がある。これら6か所の交差点の位置は次のようになっている。
・AはBの西隣の交差点で，DはBより1つ北の交差点である。
・BはEの西隣から北に3つ目で，Cより1つ北の交差点である。
・FはAを通る道路とEを通る道路の交差点から南に2つ目の交差点である。
このとき，それぞれの交差点間の関係として確実にいえるものは，次のうちどれか。ただし，交差点間の距離は道路上での最短経路をいうものとする。

【H16　地方上級】

- -

　1　AからEまでの距離とDからEまでの距離は等しい。
　2　Bから最も遠い交差点はFである。
　3　CからEまでの距離は，CからFまでの距離より長い。
　4　DからFまでの距離は，DからCまでの距離の2倍である。
　5　最も南にある交差点はEである。

やはり問題文を読んでいるだけでは，A〜Fの位置がつかめません。視覚的にとらえることが大切です。そのうえで，不確かなことと，確かなことが何であるかを整理しましょう。

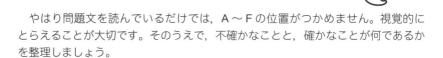

STEP 1　視覚的にとらえる

今回はどのような図に条件を書き込んでいけばよいか，すぐに見当がついたと思います。そうです。問題文中にもあるように「碁盤の目」の図を用いましょう。

碁盤の目に「AはBの西隣の交差点で，D
はBより1つ北の交差点である」という条
件を書き入れたものが次の図1です。

思ったとおりでOK？
基準は条件の中に多く出て
くるものがいいよ！

図1

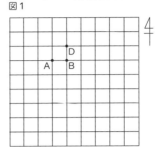

って何？
地図などで方位を表す記号
です。矢の方向が北となっ
ていて，

を表してるよ。

STEP 2 | 条件を整理してみる

　次の条件は「BはEの西隣から北に3つ目で，Cより1つ北の交差点である」
です。この条件を書き入れたものが，次の図2です。

図2

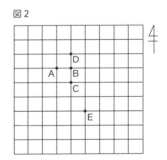

　次の条件は「FはAを通る道路とEを通る道路の交差点から南に2つ目の交差
点である」です。Aを通る道路とEを通る道路の交差点はどこでしょうか。

条件の変換

当たり前のことだけどAはBの西ということはBはAの東ということだね。
こういう「条件の変換」がカギをにぎる問題もあるから，覚えておいてね！

図3

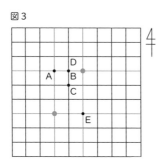

じっくりあせらず
ある交差点を通る道路は2本あることに注意！

図3の●印の2か所が，その交差点です。つまり，Fの位置は特定できないのです。2通り考えられるFの位置は，F_1とF_2で表すことにします。すると，次の図4となります。

図4

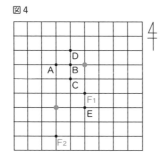

STEP3 | 選択肢を吟味する

さあ，選択肢を1つずつ確かめていきましょう。ただし，1マスの一辺の長さを1とします。

1 AからEまでの距離とDからEまでの距離は等しい。

AからEまでの距離は5。DからEまでの距離は5。A，E，Dの位置は固定されているので，この選択肢は確実に成り立ちます。

2 Bから最も遠い交差点はFである。

Fの位置が図4のように2通りあります。図4において，FがF_2の位置の場合は，Bから最も遠い交差点となりますから，この選択肢は成り立ちます。しかし，FがF_1にある場合は，EがBから最も遠い交差点です。したがって，この選択肢は確実にいえるものではありません。

3 CからEまでの距離は，CからFまでの距離より長い。

CからEまでの距離は3です。Fの位置がF_1の場合，CからFまでの距離は2です。一方Fの位置がF_2の場合，5です。この選択肢も確実にいえるものではありません。

132

4　DからFまでの距離は，DからCまでの距離の2倍である。

　　DからFまでの距離はFの位置がF_1の場合4，F_2の場合7です。Dから
　Cまでの距離は2ですから，F_1の場合しか成り立ちません。したがって，こ
　の選択肢も確実にいえるものではありません。

5　最も南にある交差点はEである。

　　FがF_2の位置の場合，最も南にあるのはF_2です。FがF_1の位置の場合な
　らば，この選択肢は成り立ちますが，やはり確実にいえるものではありません。
以上のことから，確実にいえるのは**1**だけですから，正答は**1**です。

1が正答とわかっても，時間
があれば他の4つが違うこと
もチェックしよう。ケアレス
ミスを防ぐことができるよ。

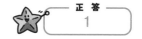

正答
1

ある地域の地点 A 〜 F の位置関係について調べたところ，次のア〜オのことがわかった。

　ア　地点 A は，地点 F の真北にあり，かつ，地点 E から真北に向かって 45°の左前方にある。

　イ　地点 B は，地点 C から真北に向かって 45°の左前方にあり，かつ，地点 D の真西にある。

　ウ　地点 C は，地点 E の真南にあり，かつ，地点 D から真南に向かって 45°の右前方にある。

　エ　地点 F は，地点 D の真西にあり，かつ，地点 E から真南に向かって 45°の右前方にある。

　オ　地点 C と地点 D の間の直線距離と，地点 E と地点 F の間の直線距離の比は， 3：1 である。

以上から判断して，確実にいえるのはどれか。ただし，地点 A〜F は平たんな地形上にある。

【H18　東京都】

- -

　1　地点 A は，地点 B から真北に向かって 45°の右前方にある。

　2　地点 A は，地点 C の真南にある。

　3　地点 A は，地点 D の真東にある。

　4　地点 F は，地点 B から真西に向かって 45°の左前方にある。

　5　地点 F は，地点 C から真南に向かって 45°の左前方にある。

STEP 1　条件の意味を理解する

　まず，方位に関する条件と，距離に関する条件を，うまいこと絡ませていかなければなりません。方位しかわからないときに勝手に距離を決めてしまうと，条件間に矛盾があるような勘違いを起こします。

　次に，たとえば「真南に向かって 45°の右前方」の意味を正確に理解していますか？　真南とは，紙の上では「下」。下に

方位と距離

方位ははっきりしているけど，距離はまったくわかりません。こういう場合は，「とりあえず」の距離で図を描いてしまいましょう。あくまでも「とりあえず」ですよ。

向かって右前方とは？　ここまできたら頭の中で考えるのではなく，字際に手を動かして図を書いていきましょう。その際，まっさらな紙の上に書いていくのではなく，方眼紙のように線をうすく引いてから作図するとズレないで済みます。

「真南に向かって45°右前方」とは，上空から見たときの「斜め左下方向」という意味です。また，「真北に向かって45°左前方」とは，上空から見たときの「斜め左上方向」という意味です。

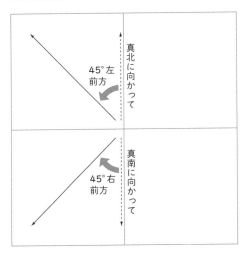

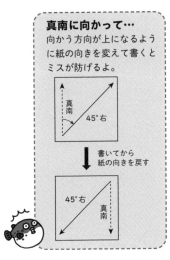

真南に向かって…
向かう方向が上になるように紙の向きを変えて書くとミスが防げるよ。

書いてから
紙の向きを戻す

STEP 2 　条件を図に表す

　条件オより CD：EF ＝ 3：1 がわかっているので，先に，C・D・E・F に関する条件ウとエから，この 4 地点を決めてしまったほうが早いでしょう。

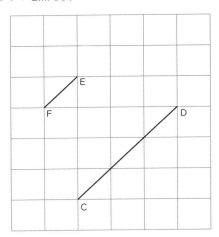

さらに条件アとイから，A地点とB地点を書き込むと，次の図のようになります。

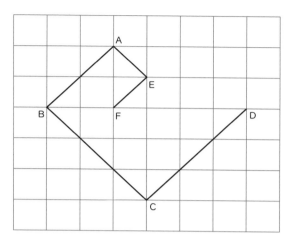

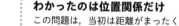 STEP 3 | 選択肢を吟味する

1 　地点Aは，地点Bから真北に向かって45°の右前方にある。正しい。

2 　地点Aは，地点Cの西よりの北のほうにある。よって誤り。

3 　地点Aは，地点Dの北よりの西のほうにある。よって誤り。

4 　地点Fは，地点Bの真東にある。よって誤り。

5 　地点Fは，地点Cの西よりの北のほうにある。よって誤り。

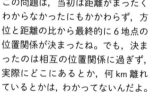

わかったのは位置関係だけ
この問題は，当初は距離がまったくわからなかったにもかかわらず，方位と距離の比から最終的に6地点の位置関係が決まったね。でも，決まったのは相互の位置関係に過ぎず，実際にどこにあるとか，何km離れているとかは，わかってないんだよ。

正　答
1

練 習 問 題 2

次は，ある工場とその従業員 A〜E の住居の位置についての説明である。これらから確実にいえるのはどれか。

ただし，A 宅〜E 宅はすべて異なるところに位置する。

・A 宅は，工場から見てちょうど北西の方角で，かつほかのどの住居よりも工場に近い距離にある。

・B 宅は，工場から見ても E 宅から見ても真西の方角にある。

・C 宅は，工場から見てちょうど北東の方角にあり，D 宅の真北にあたる。

・D 宅から工場までの距離は，B 宅から工場までの距離と等しい。

・E 宅から工場までの距離と，E 宅から C 宅までの距離は等しい。

【H13　国家専門職［大卒］】

1　A 宅は，B 宅の真北にある。

2　B 宅は，C 宅より工場に近い。

3　C 宅は，A 宅の真東にある。

4　D 宅は，工場から見てちょうど南東の方角にある。

5　E 宅は，A 宅の次に工場に近い。

　この問題は，ある工場とその従業員 A 〜 E の住居の位置について説明しています。「位置」とあるのですから，図に表して，視覚的にわかればよいと気がつくと思います。

🐬 STEP 1　視覚的にとらえる

　問題には方角と距離が条件として書かれています。一度に全部の条件をとらえていくことができれば問題はありませんが，あせる必要はありません。じっくり解いていきましょう。

　条件の整理をしておきましょう。

　　a　方角についての条件

　　b　距離についての条件

　この 2 つに分けると次のようになります。

1つずつあせらずに！
方角と距離などのように，異なる条件が存在しているときは，別々に考えると，混乱しないよ。

a　方角についての条件
・A宅は，工場の北西にある。
・B宅は，工場とE宅の真西にある。
・C宅は，工場の北東にある。
・C宅は，D宅の真北にある。

b　距離についての条件
・A宅はどの住居よりも工場に近い。
・B宅とD宅は工場からの距離が等しい。
・E宅と工場の距離は，E宅とC宅の距離と等しい。

まずは方角についての条件から考えてみましょう。
工場を中心に距離を適当にとって書いてみます。

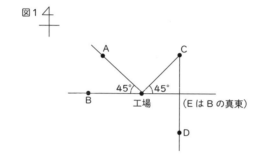

図1

（EはBの真東）

　これで，工場と各家の方角の関係はわかりました。ここに，bの距離についての
条件を考慮してみましょう。

視覚的にとらえるには？

図に表す前に，どのような形式を選べばよいか考えてみましょう。
数直線のような1本の線，碁盤の目のような図，場合分けをしていく樹形図，
円形などが代表的なものだね。

今回は，距離と方角という条件なので，円形の図に書き込んでいこう！

「B宅とD宅は工場からの距離が等しい」が強い味方になってくれそうです。なぜって，BとDは工場を中心とした円周上にあるのですから。工場の位置を中心Oとして円を書いてみます。

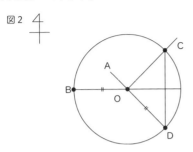

図2

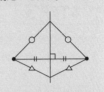

垂直二等分線？
1本の線分を垂直に二等分する直線を垂直二等分線といったね。

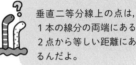

垂直二等分線上の点は，1本の線分の両端にある2点から等しい距離にあるんだよ。

　図2は距離についてのA，B，Dの条件を加えたものです。あとは，Eの条件のみなのですが，工場を図2のOとすると，OE＝ECとなるようにEの位置を決めなくてはなりません。しかも，B，O，Eは同じ直線上にあるのです。つまり，OCの垂直二等分線とBOの延長線の交点がEということになります。それが次の図3です。

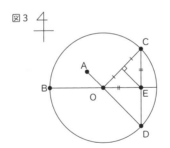

図3

　ところで，気づいたかと思いますが，Dの位置は特定されません。図4，図5のようでもよかったのです。

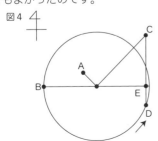

図4

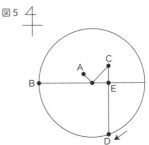

図5

つまり，問題で与えられた条件はA～Eの住居の位置を確定するものではないので，「確実にいえること」を探すためには，「確実ではないこと」が何であるかを把握しておかなければならないのです。

STEP 3 選択肢を吟味する

では，「確実にいえる」選択肢がどれかを検証していきましょう。

1 A宅は，B宅の真北にある。

　A宅は，条件よりB宅より工場に近いところに位置しています。その位置関係は図3～5を見ても明らかです。もし，B宅がもっと工場に近いところに位置しているとしても，A宅が真北にはありえませんので，この選択肢は誤りです。

2 B宅は，C宅より工場に近い。

　図5を見ればわかると思います。この選択肢について，「確実にいえる」とはいえません。

3 C宅は，A宅の真東にある。

　その場合，OA = OCとなる位置にC宅がなければなりません。△OECは直角二等辺三角形なので，$OC = \sqrt{2}\,OE$ですから，$OA = OC = \sqrt{2}\,OE$となって，EのほうがAよりも工場に近くなっています。この選択肢は誤りです。

4 D宅は，工場から見てちょうど南東の方角にある。

　その位置にD宅がある可能性はある，としかいえませんので，不適当です。

5 E宅は，A宅の次に工場に近い。

　まず，A宅が工場から最も近いことは条件より明らかです。では次に工場から近い住居はどれでしょう。E宅の位置はC宅とD宅によって決まりました。その条件や，図3～5を見ても明らかなように，C，D宅よりは工場に近い位置にあります。また，B宅はD宅と工場からの距離が等しいと条件にあります。以上のことから，この選択肢の内容は「確実にいえる」といえます。

よって，正答は**5**です。

正答
5

第 4 章

数量を
まとめよう！

13 数量の問題
～渡したりもらったり～

今度はよく見かけるカードの問題です。このような問題は，問題作成者の意図を読み取ることが大切です。

例　題

1～13までの数字が1つずつ書かれた13枚のカードをA～Dの4人に配った。以下のことから確実にいえることは次のうちどれか。
　・Aは4枚ですべて奇数である。
　・Bは4枚で13のカードを持っており，カードの数字の合計は38である。
　・Cは3枚で1のカードを持っており，カードの数字の合計は21である。

【H13　地方上級】

　1　Aは7のカードを持っている。
　2　Aは9のカードを持っている。
　3　Bは6のカードを持っている。
　4　Bは9のカードを持っている。
　5　Dは6のカードを持っている。

STEP 1　問題作成者の意図は？

　選択肢を見ると，A～Dのだれがどの数字のカードを持っているか問われています。表を使って，条件をまとめていきましょう。

コツを伝授

「合計」という言葉が条件にあるとき，まずはタテとヨコで合計が計算できるような表を使ってみよう。

STEP 2　表に条件をまとめる

問題中の3つの条件を書き入れると，次のようになります。

A					4枚	すべて奇数
B				13	4枚	合計38
C	1			✕	3枚	合計21
D						

計13枚

STEP 3　対応表の空欄をうめる推理をする

　Bが13，Cが1を持っているので，残りの奇数のカードは，3，5，7，9，11の5枚です。

　Aには奇数のカードが4枚あるので，残り1枚の奇数のカードをB，C，Dのだれかが持っていることになります。

　また，Cのカードの数字の合計は21ですから，残り2枚の合計は21－1＝20です。この組合せは12と8，11と9のどちらかです。Cが奇数を2枚持っていることはありえないので（8，12）で確定します。

　Bは3枚のカードで38－13＝25です。偶数のカードのみの足し算で奇数にはなりませんから，Bが残り1枚の奇数のカードを持っていることになります。

　これらを表に書き入れましょう。次のようになります。

> **偶数・奇数の計算は大丈夫かな。**
> 偶数＋偶数＝偶数
> 偶数＋奇数＝奇数
> 奇数＋奇数＝偶数
> になるよ。

A					4枚	すべて奇数
B				13	4枚	合計38
C	1	8	12	✕	3枚	合計21
D			✕	✕	2枚	すべて偶数

　残りのカードの数字を書き出してみましょう。

　　2，3，4，5，6，7，9，10，11

この中からBが持っている3枚の合計が25になる組合せを考えてみましょう。

　　（4，10，11），（5，9，11），（6，9，10）

この3つですが，Bは奇数を1枚だけ持っているので，（4，10，11），（6，9，10）のどちらかだと判断できます。

　つまり，次のような2つの表の可能性が出てきます。

a

A					4枚	すべて奇数
B	6	9	10	13	4枚	合計38
C	1	8	12	✕	3枚	合計21
D			✕	✕	2枚	すべて偶数

b

A					4枚	すべて奇数
B	4	10	11	13	4枚	合計38
C	1	8	12	✕	3枚	合計21
D			✕	✕	2枚	すべて偶数

ミスは防げるよ
見やすくまとめると，うっかりミスを防ぐことができるね。

　残っているカードを再確認しましょう。見やすいように，奇数には〇を付けます。
　　2，③，4，⑤，⑦，⑪　→ a の表へ
　　2，③，⑤，6，⑦，⑨　→ b の表へ
　残りの奇数のカード（3，5，7，11）を a の表に，（3，5，7，9）を b の表の A に，さらに最終的に残った（2，4）を a の表に，（2，6）を b の表の D のところに書き入れてみましょう。それぞれ次のように完成します。

a

A	3	5	7	11	4枚	すべて奇数
B	6	9	10	13	4枚	合計38
C	1	8	12	✕	3枚	合計21
D	2	4	✕	✕	2枚	すべて偶数

b

A	3	5	7	9	4枚	すべて奇数
B	4	10	11	13	4枚	合計38
C	1	8	12	✕	3枚	合計21
D	2	6	✕	✕	2枚	すべて偶数

　表 a と b について選択肢を検証します。
　1　A は 7 のカードを持っている。→表 a，b 両方に当てはまるので，これが正答となります。
　2　A は 9 のカードを持っている。→表 b のみに当てはまるので，誤りです。
　3　B は 6 のカードを持っている。→表 a のみに当てはまるので，誤りです。
　4　B は 9 のカードを持っている。→表 a のみに当てはまるので，誤りです。
　5　D は 6 のカードを持っている。→表 b のみに当てはまるので，誤りです。

正答
1

練 習 問 題 1

　9枚のカードがあり，表面に2〜10までの数字がそれぞれ書かれている。この9枚のカードを3枚ずつに分け，A，B，Cの3人に配った。3人が次のように述べているとき，確実にいえるものはどれか。

　A　「私が持っている3枚のカードの和は，偶数である。」
　B　「私が持っている3枚のカードの積は，奇数である。」
　C　「私が持っている3枚のカードの和は，13である。また，3枚のカードの積は3の倍数であるが，9の倍数ではない。」

【R3　裁判所】

　1　Aは6のカードを持っている。
　2　Bは3のカードを持っている。
　3　Bは7のカードを持っている。
　4　Cは5のカードを持っている。
　5　Cは8のカードを持っている。

STEP 1　奇数と偶数から読み取れることを整理する

　まず，9枚のカードの数字の内訳は奇数が3，5，7，9の4枚，偶数が2，4，6，8，10の5枚になります。

　Bの発言から，かけ算の中の数字に1つでも偶数が含まれると積は必ず偶数になるので，Bの持っている数字は（奇数・奇数・奇数）であることがわかります。

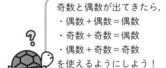

奇数と偶数が出てきたら，
・偶数＋偶数＝偶数
・奇数＋奇数＝偶数
・偶数＋奇数＝奇数
を使えるようにしよう！

　Aの発言から，Aの持っている数字の組み合わせは①（奇数・奇数・偶数），②（偶数・偶数・偶数）の2通りが考えられます。しかし，①はBの発言と併せて考えると，奇数の枚数が合わないため誤りです。よって，Aの組み合わせは②（偶数・偶数・偶数）となり，Cは残った（奇数・偶数・偶数）となります。

STEP 2　条件が多い発言に注目

　Cの発言の中に条件が多いのでCの発言から考えることにします。Cは積が9の倍数ではないと言っているので，Cは9を持っていないことがわかります。また積で9の倍数を作らないためには，3の倍数である3，6を同時に持つこともできません。

Ｃが３を持つときの組み合わせは，（2，3，8）となり，Ｂは残りの奇数である（5，7，9），Ａは残りの（4，6，10）となります。

　6を持つときの組み合わせは，（2，5，6）となり，Ｂは残りの奇数である（3，7，9），Ａは残りの（4，8，10）となります。

　これより，上記の２通りが成立します。

STEP 3 ｜ 選択肢を吟味する

1 Ｃが３のカードを持っているとき，Ａは６のカードを持っていないので誤り。

2 Ｃが３のカードを持っているとき，Ｂは３のカードを持っていないので誤り。

3 正しい。

4 Ｃが３のカードを持っているとき，Ｃは５のカードを持っていないので誤り。

5 Ｃが６のカードを持っているとき，Ｃは８のカードを持っていないので誤り。

　よって，正答は**3**となります。

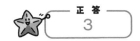

正答
3

練習問題 2

A ～ D の 4 人がそれぞれ違う枚数のコインを持っている。まず，A が自分の持っているコインの中から B ～ D にそれぞれが持っているコインの数と同数のコインを渡した。その後，B，C，D もこの順番で A と同じことをした。その結果，最後に持っているコインの枚数が全員 1 人あたり 48 枚となった。最初に B が持っていたコインの枚数は次のうちどれか。

【H16　大卒警察官】

1　48 枚
2　49 枚
3　50 枚
4　51 枚
5　52 枚

 STEP 1　問題の意図を考える

「最初に B が持っていたコインの枚数が何枚か」とあります。また，最後に持っているコインの枚数についても問題に書かれています。つまり，最後から逆算して最初の状態を考えるように要求されています。

コインを受け取った側から見ると，「自分が持っているコインの数と同数のコインをもらった」を逆に戻すことは，「自分が持っているコインの数との半分を渡した」になります。

> **逆に考えると**
> 「持っているコインの数と同数のコインを渡した」結果は，持っていた数が 2 倍になるよね。つまり，逆算のときは，持っていた数が，半分になるよ。

同数をもらう　　　半分を渡す

 STEP 2　逆算は最後の状態から

最後に A ～ D が持っているコインの数から，1 つ前の数へ逆に考えていってみましょう。

A，B，C，D の順番にコインの受け渡しがされていたので，逆に考えるときは，D，C，B，A の順番にコインを受け渡ししていくことに注意しましょう。

わかりやすくイラストで表しましょう。

最後の逆：A，B，C がそれぞれの半分を D に渡す

$$48 - 24 \qquad 48 - 24 \qquad 48 - 24 \qquad 48 + 24 \times 3$$
$$= 24 \qquad\quad = 24 \qquad\quad = 24 \qquad\quad = 120$$

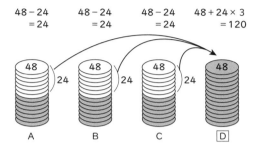

A   B   C   D

3回の逆：A，B，D がそれぞれの半分を C に渡す

$$24 - 12 \qquad 24 - 12 \quad 24 + 12 \times 2 + 60 \quad 120 - 60$$
$$= 12 \qquad\quad = 12 \qquad\quad = 108 \qquad\qquad = 60$$

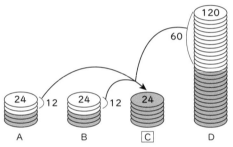

A   B   C   D

2回の逆：A，C，D がそれぞれの半分を B に渡す

$$12 - 6 \quad 12 + 6 + 54 + 30 \quad 108 - 54 \qquad 60 - 30$$
$$= 6 \qquad\quad = 102 \qquad\quad = 54 \qquad\quad = 30$$

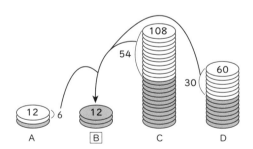

A   B   C   D

1回の逆：B，C，D がそれぞれの半分を A に渡す

$$6 + 51 + 27 + 15 \quad 102 - 51 \qquad 54 - 27 \qquad 30 - 15$$
$$= 99 \qquad\qquad = 51 \qquad\qquad = 27 \qquad\qquad = 15$$

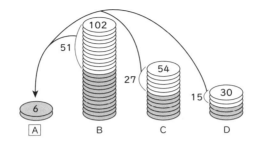

これを，表と式にすると次のようになります。

	A	B	C	D
最後	48	48	48	48
3回目	24	24	24	120(a)
2回目	12	12	108(b)	60
1回目	6	102(c)	54	30
最初	99(d)	51	27	15

(a)〜(d)の計算式は次のとおりです。

(a) $48 + (24 + 24 + 24) = 120$

(b) $24 + (12 + 12 + 60) = 108$

(c) $12 + (6 + 54 + 30) = 102$

(d) $6 + (51 + 27 + 15) = 99$

以上のことから，最初に B が持っていたのは 51 枚です。

正答は 4 です。

正 答
4

14 線図の問題
～線図でバッチリ～

　ここでは，提示されている条件から推理して選択肢を選ぶという問題を扱います。与えられる条件には，数量，位置，順序などのものがあります。それらの条件を，どのように扱うかが正答を得るためのポイントといえるでしょう。解法として一般的なものは，次のとおりです。
●条件文を，記号を使って整理する。
●視覚的にとらえるために条件を「線図」に書き込む。

例 題

　A～Fの6人がマラソンを行った。先頭の走者が中間点に差し掛かったときの6人の位置関係は以下のとおりであった。
　・先頭の走者はAで，AとBとは11m離れていた。
　・BとCとの距離は4m，DとEとの距離は9mであった。
6人とも，自分の前後の走者との距離は3m以内であったとすると，次のうちで確実にいえるものはどれか。ただし，同順位の者はいないものとする。

【H22　市役所】

- -

　　1　AはDの1m前を走っていた。
　　2　BはEの1m前を走っていた。
　　3　CはFの3m後ろを走っていた。
　　4　DはBの1m前を走っていた。
　　5　EはFの6m後ろを走っていた。

　視覚的に書き表していきます。場合分けを面倒がらずに行いましょう。

STEP 1 　条件を整理する

　「A（先頭）とBは11m離れていた」「BとCとの距離は4m」という条件を視覚的に線図で表してみましょう。
　BとCのどちらが前にいるかはわかりませんから，場合分けが必要になります。左が前，右が後ろとします。

150

〈図1　BがCよりも前にいる場合〉

前 ——————————————————————————— 後
　　　A　　　　　　　　B　　　C

〈図2　BがCよりも後ろにいる場合〉

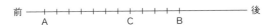

前 ——————————————————————————— 後
　　　A　　　　　　C　　　B

🐬 STEP2　どんどん整理していこう

　次に続く条件は「DとEとの距離は9m」です
が，これを書き加えると場合分けがたくさん出てき
てしまいますから，先に「6人とも，自分の前後の
走者との距離は3m以内」という条件から見てみま
しょう。

条件は要領よく
場合分けは少ないほ
うがいいに決まって
るから，大変そうな
条件は後回しにしま
しょう。

〈図1の場合〉

　AとBとの距離が11mなので，この間に少なくとも3人，BとCとの距離は
4mなので，この間に少なくとも1人いることになります。この時点で7人必要で，
人数オーバーです。

前 ——————————————————————————— 後
　　　A　　　　　　　　　　B　　　C

〈図2の場合〉

　AとCとの距離が7mなので，この間に少なくとも2人，CとBとの距離は
4mなので，この間に少なくとも1人いることになります。これで人数はちょうど
合いそうです。

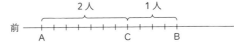

前 ——————————————————————————— 後
　　　A　　　　　C　　　B

**Aにもっと近づいちゃ
ダメ？**
D（またはE）がAにもっ
と近づくと，D（またはE）
とCとの距離が6mより
も大きくなり，この間に少
なくとも2人いることにな
り，人数オーバーだね！

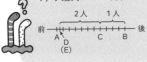

　そして，DとEとの距離は9mでしたから，D
とEのどちらか（どちらが前かは不明）がAの
1m後ろ，もう1人がBの1m前にいることがわ
かります。そしてFがCの3m前にいることにな
ります。

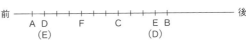

前 ——————————————————————————— 後
　　　A D　　　F　　C　　E B
　　　（E）　　　　　　　（D）

もう一息です。問題文を線図で視覚的に表すことができました。あとは，その線図に合った内容の選択肢を選べばよいのです。

選択肢を見てみましょう。

1 AはDの1m前を走っていた。→Aの1m後ろはDまたはEなので誤り。

2 BはEの1m前を走っていた。→BはEよりも後ろを走っているので誤り。

3 CはFの3m後ろを走っていた。→正しい。

4 DはBの1m前を走っていた。→Bの1m前はDまたはEなので誤り。

5 EはFの6m後ろを走っていた。→Fの6m後ろはDまたはEなので誤り。

したがって，正答は3です。

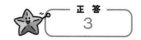

正 答
3

練 習 問 題 1

A〜Fの6人がレストランで待合せをした。AとBは5分違い，Bと
Fは10分違い，DとFは3分違いであった。Cは集合時刻の7分前
に到着したが，Cの前にはすでに1人来ていた。Dは集合時刻どおり
に着き，集合時刻10分後には全員がそろっていた。同時刻に着いた
者はいなかったとすれば，確実にいえるものは次のうちどれか。

【H6 東京都】

- **1** Aが1番に着いた。
- **2** Bが2番に着いた。
- **3** Dが4番に着いた。
- **4** Fが5番に着いた。
- **5** Eが最後に着いた。

🐬 STEP 1　条件を視覚的に整理する

「AとBは5分違い，BとFは10分違い」と
いう条件を視覚的に線図で表してみましょう。

AとB，BとFのどちらが先に着いたのかは，
この条件からはわかりませんから，場合分けが必
要になります。

逆は？
記号の並びを逆にしても
成り立つかどうか，必ず
考えてみると，場合分け
に失敗しないよ。

結局は同じ図を書くことにはなるのですが，2
つの条件に共通するBを中心にして組み立てていくとよいでしょう。Bを中央に
AとFが左右に振り分けられるので4通りの図が書けます。

1目盛りは5分とし，右に行くほど遅い時刻とします。

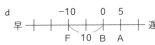

ポイント
条件がたくさんある問題は，矛盾点を見つけやすいよ！
条件の使い方は
① 場合分けに使う
③ 矛盾点探しに使う
この2点がポイント！

次に続く条件は，「DとFは3分違い」です。これを場合分けして，どんどん書き加えていきましょう。

Dのほうが F より先に着いた場合

DはFより3分先に着いたことになります。これを STEP 1 の a〜d に書き入れます。

また，「D は集合時刻どおりに着き」とあるので，D のところが集合時刻となります。

さらに，「C は集合時刻の7分前に到着した」「C の前にはすでに1人来ていた」という条件から，C も書き入れることができます。それが次の図です。

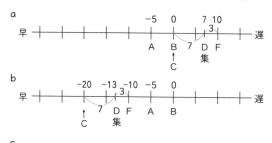

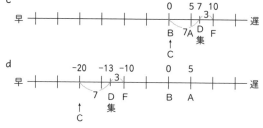

多すぎでも困る

場合分けもたくさんありすぎると大変。そんなときは，次に加える条件を利用して，場合分けした数を絞り込んでいこう。

ところで，条件はほかにもありました。

a と c の場合，B と C が同時刻に着いているので「同時刻に着いた者はいなかった」という条件に矛盾します。

b と d の場合，「集合時刻10分後には全員がそろっていた」に矛盾します。

つまり，せっかく書いたのですが **D のほうが F より先**は誤りとわかります。

F のほうが D より先に着いた場合

こちらは，D は F より3分後に着いたことになります。あとは，同様に D と C の条件を a〜d に書き入れてみましょう。

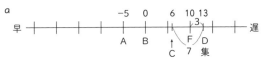

a

b

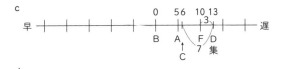

c

d

a と c の場合，「C の前にはすでに 1 人来ていた」の条件に矛盾しています。

d の場合，「集合時刻 10 分後には全員がそろっていた」に矛盾します。

b はどうでしょうか。

- ・A と B は 5 分違い
- ・B と F は 10 分違い
- ・D と F は 3 分違い
- ・C は集合時刻の 7 分前に到着した
- ・C の前にはすでに 1 人来ていた……★
- ・D は集合時刻どおりに着き，集合時刻 10 分後
  には全員がそろっていた
- ・同時刻に着いた者はいなかった

常に確認
これが正しい線図だと
思っても，必ず問題の
条件を再度確認するこ
とも大切だよ。

★の条件以外にはすべて適合しています。ところで，E の着いた時刻については特に条件はなく，「集合時刻 10 分後には全員がそろっていた」しか書かれていません。つまり，E が C より先に着いていたことにすればすべての条件を満たすわけです。

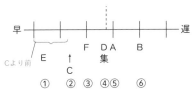

STEP 3 | 選択肢を吟味する

　もう一息です。STEP１と２で，問題文を線図で視覚的に表すことができました。あとは，その線図に合った内容の選択肢を選べばよいのです。

　さて，選択肢を見てみましょう。

1　Aが1番に着いた→Aは5番目に着いたので誤り。

2　Bが2番に着いた→Bは6番目に着いたので誤り。

3　Dが4番に着いた→正しい。

4　Fが5番に着いた→Fは3番目に着いたので誤り。

5　Eが最後に着いた→Eは1番目に着いたので誤り。

　したがって，正答は**3**です。

正答
3

別解

集合時刻どおりに着いたDを基準に考えてみる

　集合時間どおりに着いたDを基準に線図を書いて解いてみましょう。

　まず，集合時刻に着いたD，「集合時刻の7分前に到着した」C，「Cの前にはすでに1人」，「集合時刻の10分後には全員がそろっていた＝それ以降に着いた者はいない」を線図に書き込みます。

図1

　次に，「DとFは3分違い」であることから，図2のようになります。FはF₁とF₂の2通り考えられます。

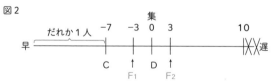

図2

　「BとFは10分違い」です。FはF₁とF₂の2通り考えられますから，それぞれに分けて線図を引いてみます。

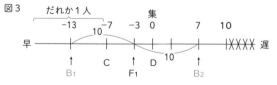

図3

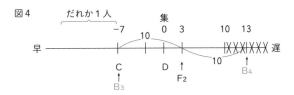

どうでしょう。図4では矛盾が起こっていますね。「同時刻に着いた者はいない」はずなのに，B_3 は C と同時刻に着いたことになってしまいます。また，B_4 は「集合時刻10分後にはすでに全員そろっていた」に反します。したがって，図3のみを続けて考えていきます。「A と B は5分違い」であることから，次の図5，図6が考えられます。

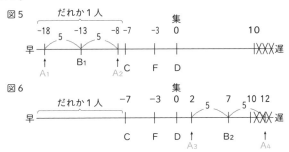

図5の A_1，A_2 はいずれも，「C の前にはすでに1人来ていた」に反します。また，図6の A_4 も，「集合時刻10分後にはすでに全員そろっていた」に反します。したがって，正しい線図は次のようになります。ほら，前の解説と同じ順序になっていますよ。

設計が肝心！

与えられた条件をわかりやすく盛り込んでおけば，誤りの結論に進むことを避けられるよ。この線図であれば，図4や図5は書くまでもないね。最初の設計で解答時間を短縮できるんだよ！

図のように，ある山では，麓の地点アから山頂の地点エに向かって階段が設けられている。A〜Eの5人がそれぞれ，特定の区間の階段の段数について数えたところ，段数を本来の段数よりも少なく数え間違えた者が1人いた。次のことがわかっているとき，段数を数え間違えたのは誰か。

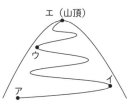

○ Aが地点アからイまでの段数を数えたところ，32段であった。

○ Bが地点ウからエまでの段数を数えたところ，46段であった。

○ Cが地点イからウまでの段数を数えたところ，167段であった。

○ Dが地点アからウまでの段数を数えたところ，199段であった。

○ Eが地点イからエまでの段数を数えたところ，214段であった。

【R元　国家専門職】

- -

1 A
2 B
3 C
4 D
5 E

🐬 STEP 1　条件を線図にまとめてみる

条件を線図にまとめると次のようになります。

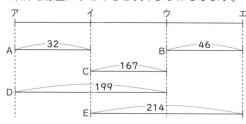

まずは全部が正しいと仮定して，図にしてから矛盾点を探そう。

A＋CとDの段数が等しいので，この3人の中に間違えた人はいないことがわかります。C＋BとEの段数を比べると，C＋Bは213段となりEより1段少ないので，問題文の「段数を本来の段数よりも少なく数え間違えた者が1人いた。」より，Bが間違えたことがわかります。

よって，正答は2となります。

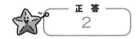

正　答
2

練 習 問 題 3

12 時からランチタイムとして営業しているあるレストランにおいて,ある日のランチタイムに来店した A ～ F の 6 人は,それぞれ,カレー,パスタ,オムライス,ハンバーグ,エビフライのいずれか一つのメニューを注文した。次のことがわかっているとき,確実にいえるのはどれか。

ただし,A ～ F 以外の来店者はいなかったものとする。

○ 入店してから退店するまでの滞在時間は,カレーを注文した者は 30 分,パスタ,オムライスを注文した者は 40 分,ハンバーグ,エビフライを注文した者は 50 分だった。

○ 2 人はカレーを注文し,その他の 4 人は,カレー以外のメニューのうち,互いに異なるメニューを注文した。

○ 12：00 に入店したのは A のみであり,D は 12：50 に入店した。また,13：20 までには全員が退店した。

○ 12：30 に 2 人入店したが,その 2 人の退店した時刻はそれぞれ異なっていた。

○ E が入店した時刻は,カレーを注文した C が退店した時刻と同じだった。

○ ハンバーグを注文した者と同時に退店した者はいなかった。

【R2 国家総合職】

- -

1 A はハンバーグを注文した。

2 B はエビフライを注文した。

3 C は 12：50 に退店した。

4 D と F は 13：20 に退店した。

5 A ～ F のうち,5 人が同時に店内にいた時間が少なくとも 5 分ある。

🐬 STEP 1　条件を線図にまとめてみる

状況を図にします。まずは 3 つ目の条件を図にすると,D は 12：50 に入店して 13：20 までには退店しているので,1 つ目の条件より所要時間が 30 分のカレーを注文したことがわかります。

次に４つ目の条件の 12：30 に入店した２人（ここでは X・Y とします）につい
て考えます。５つ目の条件より C がカレーを注文していることがわかるので，カ
レーを注文した２人は C と D で決まります。そうなると，ここで入店した２人は
同時に入店しているのに退店時間が異なるので 40 分と 50 分のメニューを選んだ
ことになります。

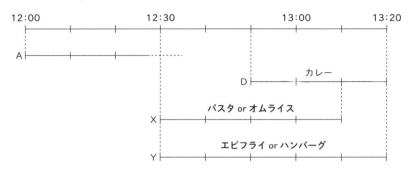

STEP 2 　XとYは誰かを考える

　線図より Y は D と同時に退店しているので，６つ目の条件より Y はハンバーグ
ではなくエビフライを注文しています。また５つ目の条件より E が入店したとき
はカレーライスを注文した C が退店した時刻と同じになるので，C ＋ E の時間は
30 分＋ 40 分 or50 分となります。しかし，E を 50 分として合計 80 分にすると，
線分の長さは 80 分しかないため A と C が同時に入店したことになるので３つ目
の条件に反します。よって E の滞在時間は 40 分になります。これより，40 分の
２人は決まるので A は 50 分の滞在とわかり，注文したのは残りのハンバーグと決
定します。

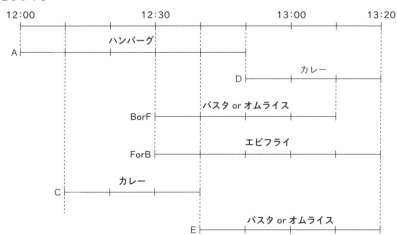

12：30 に入店したのは残りの B と F になるが，どちらが B でどちらが F かは決まりません。また，パスタとオムライスを注文した 2 人もこれ以上は決まらないです。

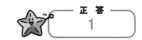 STEP 3 | 選択肢を吟味する

1 正しい。

2 B が注文したものは，エビフライかパスタかオムライスになり，エビフライには確定しないので誤り。

3 C は 12：40 に退店したので誤り。

4 F の退店時間は 13：10 か 13：20 かは確定しないので誤り。

5 線図より 5 人が同時に店内にいた時間はないので誤り。

正答
1

15 集合の問題
～重なった数はいくつ？～

いくつかの集合の重なり方を整理する問題です。わからない所には数字の代わりに文字を置いて，まずは条件をベン図でまとめ，式を作ってみましょう！

例　題

ある大学で芸術学，哲学，文学についての学生の履修状況を調査したところ，次のことがわかった。これから確実にいえるのはどれか。

○　芸術学を履修した学生は 734 人である。
○　文学を履修した学生は 871 人である。
○　学生は芸術学，哲学，文学のうち必ず 1 科目以上を履修した。
○　芸術学を履修した学生は必ず哲学を履修した。
○　芸術学，哲学，文学のうち 2 科目のみを履修した学生は 634 人である。
○　哲学と文学の 2 科目のみを履修した学生数は，哲学と芸術学の 2 科目のみを履修した学生数に等しい。

【H24　国家専門職 [大卒]】

- -

1　調査対象となった学生数は，2,000 人以上である。
2　哲学 1 科目のみを履修した学生がいないとすれば，哲学を履修した学生は 1,051 人である。
3　文学を履修した学生のうち，2 科目以上履修した学生は 645 人である。
4　芸術学と哲学の 2 科目のみを履修した学生は 417 人である。
5　哲学 1 科目のみを履修した学生数が文学 1 科目のみを履修した学生数と同じであれば，芸術学と哲学の 2 科目のうち，1 科目以上履修した学生は 1,048 人である。

 **STEP 1** ベン図を作る

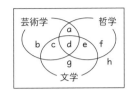

芸術学　哲学
a
b c d e f
g
h
文学

　ベン図を上のように描きます。条件を順に
①から⑥とおき，条件を1つずつ式にしてい
きましょう。
条件①：$a + b + c + d = 734$…①′
条件②：$c + d + e + g = 871$…②′
条件③：1科目も履修していない学生はいな
　　　　いということなので，$h = 0$…③′
条件④：芸術学のみ履修，芸術学と文学の2
　　　　科目履修の学生はいないので，$b =$
　　　　$c = 0$…④′
条件⑤：$a + c + e = 634$…⑤′
条件⑥：$e = a$…⑥′

確認しよう
条件④は，芸術学と哲学だけ
取り出して考えると以下のよ
うに描くことができるよ。

哲学
芸術学

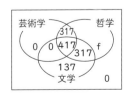 **STEP 2** 方程式を解く

　④′と⑥′を⑤′に代入すると，
$a + 0 + a = 634$　$a = (e =) 317$…⑤″
①′に④′，⑤″を代入して，
$317 + 0 + 0 + d = 734$
ゆえに$d = 734 - 317 = 417$…①″
②′に④′，①″，⑤″を代入して，
$0 + 417 + 317 + g = 871$
ゆえに$g = 871 - (417 + 317) = 137$
これらを元のベン図に記入すると以下のようになります。なお，fは不明です。

芸術学　哲学
317
0　0 417　317　f
137
文学　　0

選択肢をベン図で表してみよう！

3 文学を履修した学生のうち，2科目以上履修した学生	**4** 芸術学と哲学の2科目のみを履修した学生	**5** 芸術学と哲学の2科目のうち，1科目以上履修した学生

STEP 3 選択肢を吟味する

　1　調査対象となった学生数は，

317 ＋ 417 ＋ 317 ＋ f ＋ 137 ＝ 1188 ＋ f〔人〕

確実に 2000 人以上とはいえないので誤りです。

　2　正しい。f ＝ 0 のとき，哲学を履修した学生数は，

317 ＋ 417 ＋ 317 ＝ 1051〔人〕

　3　該当する学生は，417 ＋ 317 ＝ 734〔人〕なので誤りです。

　4　該当する学生は 317 人なので誤りです。

　5　f ＝ 137〔人〕ならば，該当する学生数は，

317 ＋ 417 ＋ 317 ＋ 137 ＝ 1188〔人〕

で誤りです。

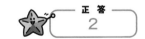

正 答
2

166

練 習 問 題 1

A社，B社およびC社の3社合同採用説明会に訪れた応募者100人の内定状況を調べたところ，次のア〜ウのことがわかった。

ア　A社だけから内定を受けた者，B社だけから内定を受けた者，C社だけから内定を受けた者および3社すべてから内定を受けた者の数の比は，5：4：3：2である。

イ　A社とB社の2社から内定を受けた者とA社とC社の2社から内定を受けた者は，いずれも9人であり，B社とC社の2社から内定を受けた者は6人である。

ウ　1社以上から内定を受けた者は，いずれの会社からも内定を受けていない者より4人少ない。

以上から判断して，確実にいえるのはどれか。

【H14　東京都】

- -

1　A社から内定を受けた者は27人である。

2　B社から内定を受けた者は25人である。

3　C社から内定を受けた者は22人である。

4　A社またはB社から内定を受けた者は37人である。

5　A社，B社およびC社の3社すべてから内定を受けた者は4人である。

 STEP1　ベン図を作る

次のようなベン図を使います。

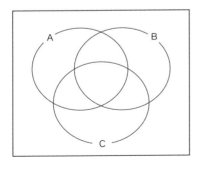

比の扱い方

比の数字はそのままにせず，文字と単位をつけておけば後の処理がラクになるよ。

5 ： 4 ： 3 ： 2
↓　　↓　　↓　　↓
$5k$人　$4k$人　$3k$人　$2k$人

　条件アから，A社だけから内定を受けた者を$5k$人，B社だけから内定を受けた者を$4k$人，C社だけから内定を受けた者を$3k$人，3社すべてから内定を受けた者を$2k$人とします。これらをベン図に書き入れると次のようになります。

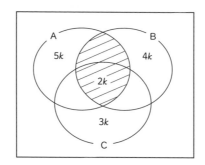

　斜線部分は条件イから９ですから，A社とB社の２社だけから内定を受けた人は，（９－2k）人です。ほかのところも同様に考えるとベン図は次のようになります。

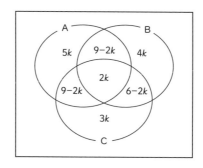

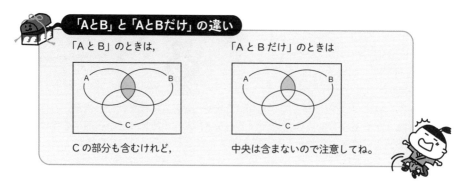

a 図の着色部分が「いずれの会社からも内定を受けていない者」，斜線部分が「1 社以上から内定を受けた者」です。全体で 100 人なので，条件ウより，着色部分の人数は 52 人，斜線部分の人数は 48 人だとわかります。

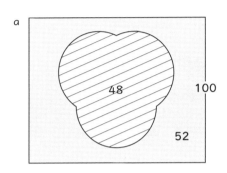

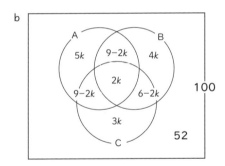

STEP 2 数式で人数の関係を表す

STEP 1 で得られた b のベン図から方程式を立てます。
$$5k + (9 - 2k) + 4k + 2k + (9 - 2k) + (6 - 2k) + 3k = 48 \qquad 8k + 24 = 48$$
$$k = 3$$

$k = 3$ を代入してベン図を完成させると次のようになります。

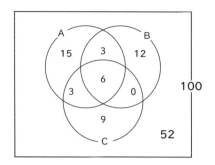

STEP 3 | 選択肢を検証する

ベン図をもとに選択肢を検証しましょう。

1. A社から内定を受けた人は，ベン図から 15 ＋ 3 ＋ 3 ＋ 6 ＝ 27〔人〕なので確実にいえます。この時点で，正答は得られますが，念のため他の選択肢も検証します。

2. B社から内定を受けた人は，ベン図から 12 ＋ 3 ＋ 6 ＋ 0 ＝ 21〔人〕なので誤りです。

3. C社から内定を受けた人は，ベン図から 9 ＋ 3 ＋ 6 ＋ 0 ＝ 18〔人〕なので誤りです。

4. A社またはB社から内定を受けた者は，ベン図から 15 ＋ 12 ＋ 3 ＋ 3 ＋ 6 ＋ 0 ＝ 39〔人〕なので誤りです。

5. A社，B社およびC社の3社すべてから内定を受けた者は，6人ですから誤りです。

正　答
1

練 習 問 題 2

男女 10 人ずつ，合計 20 人のグループがあり，いずれも学生または
社会人である。このうち，姉のいる者は 5 人で，社会人は 8 人である。
また，学生のうちで男性は 4 人で，姉のいる社会人は 2 人である。こ
のとき，明らかにありえないものは次のうちどれか。

【H13　大卒警察官】

- **1** 姉のいる男性は 3 人である。
- **2** 社会人の女性は 6 人である。
- **3** 姉のいない学生は 9 人である。
- **4** 姉のいない女性は 5 人である。
- **5** 姉のいない社会人の男性は 4 人である。

STEP 1 　ベン図を考える

　合計 20 人のグループですが，男性と女性，
学生と社会人，姉がいるかいないか，に分かれ
ています。

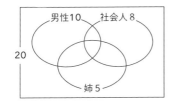

こんなベン図はダメ
たとえば，

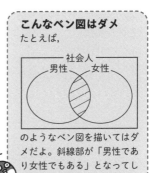

のようなベン図を描いてはダ
メだよ。斜線部が「男性であ
り女性でもある」となってし
まうからです。

STEP 2 　計算して人数を書き込む

条件から学生は 20 − 8 ＝ 12，学生のうち女性は 12 − 4 ＝ 8 です。

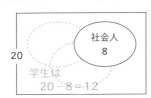

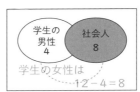

171

また，姉のいる学生は 5 － 2 ＝ 3，男性 10 人のうち 4 人が学生なので，社会人の男性は 10 － 4 ＝ 6，そして社会人の女性は 8 － 6 ＝ 2 となります。

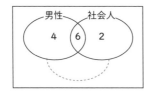 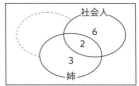

STEP 3 | 選択肢を検証する

1 の「姉のいる男性は 3 人である」について，姉のいる人の性別は条件からは判断できません。

2 の「社会人の女性は 6 人である」はベン図から 2 人だとわかりますので誤りです。これが正答になりますが，念のためほかの選択肢も確認しましょう。

3 の「姉のいない学生は 9 人である」は，学生が 12 人，姉のいる学生が 3 人なので，12 － 3 ＝ 9 で正しい内容です。

4 の「姉のいない女性は 5 人である」は **1** と同様に判断できません。

5 の「姉のいない社会人の男性は 4 人である」も **1** と同様に判断できません。

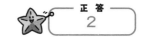

正 答
2

ベン図を使わない解き方

　ベン図だと円の外側を読み取るのが難しかったですね。ベン図を使わない解法を見てみましょう。

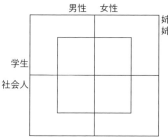

男性　　女性

姉がいる　　：内側
姉がいない　：外側

学生

社会人

キャロル表

このような図をキャロル表といい，男⇔女，学生⇔社会人のように反対の概念が対立しているときに使うと便利だよ。

　この図に，条件にある数字と条件から得られた数字を書き加えると次のようになります。

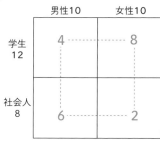

男性10　　女性10

学生
12

4　　　8

社会人
8

6　　　2

男性　　女性

学生
12

9

3

社会人
8

2

6

姉がいる　　：内側
姉がいない　：外側

　この図からも姉のいる男性，姉のいない女性，姉のいない社会人の男性の人数を確定することができません。つまり**1**，**4**，**5**は誤りとも正しいともいうことはできないとわかります。

規則性を
見つけよう！

16 操作の問題
～うまい手順を考えよう～

　ここでは**体積や重量をはかる操作手順**についての問題を扱います。やはり，じっくり考えていけば解けるものですから，あせらずに解いていってみましょう。

　手順を見つけることがこの種の問題のポイントです。

例　題

　樽に 16L の油が入っている。この油を 7L と 9L の桶を使って 8L ずつに分けることにした。最少の回数で分けるには，何回の移し替え操作が必要か。ただし，油は樽に戻してもよく，樽と桶との間および桶と桶との間で油を移すごとに 1 回の操作と数えるものとする。

【H15　特別区】

- **1**　15 回
- **2**　16 回
- **3**　17 回
- **4**　18 回
- **5**　19 回

　いわゆる「油分け算」と呼ばれる問題です。このような問題では，大きな容器から小さい容器へ移して調整していくのが鉄則です。

油分け算とは
下のように樽に 6L の油が入っており，5L と 2L の桶を使って 3L ずつに分けてみよう。

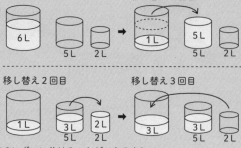

3 回の操作で 3L ずつに分けることができるよね。

 **STEP 1** 油分け算の手順

　この問題は，7Lと9Lの桶を使って，16Lの油を8Lずつに分けるというものです。ただし，油は最終的には最初に油が16L入っていた樽と9Lの桶に8Lずつ移されることになります。

　たとえば，9Lの桶で樽から油を移し，そこから7Lの桶に油を移すと，9Lの桶には2L残ります。3回目までの状態を表に示すと，次のようになります。

	操作	樽	9L桶	7L桶
1回	樽→9L	7	9	0
2回	9L→7L	7	2	7
3回	7L→樽	14	2	0

　つまり，油が，樽→9Lの桶→7Lの桶→樽といった手順で移されていくのです。

　引き続き樽から9Lの桶に油を移すと，（樽，9L桶，7L桶）＝（7，9，0）となり，1回とまったく同じ状態に戻ります。このように，前にも同じ状態がある場合にはその手順はとばします。このような手順で油を移し，表にまとめます。

	操作	樽	9L桶	7L桶
1回	樽→9L	7	9	0
2回	9L→7L	7	2	7
3回	7L→樽	14	2	0
4回	9L→7L	14	0	2
5回	樽→9L	5	9	2
6回	9L→7L	5	4	7
7回	7L→樽	12	4	0
8回	9L→7L	12	0	4
9回	樽→9L	3	9	4
10回	9L→7L	3	6	7
11回	7L→樽	10	6	0
12回	9L→7L	10	0	6
13回	樽→9L	1	9	6
14回	9L→7L	1	8	7
15回	7L→樽	8	8	0

油分け算の手順
大きい順にABCの容器があるとき
・A→B→C→A→
　B→C→A…と移し
ていこう。

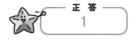 **STEP 2** まとめる

　表から15回の操作が終わると，樽と9Lの桶に8Lずつ油が入っているとわかります。

正　答
1

第5章　規則性を見つけよう！

図1のように5枚のカードが並べられている。これを①〜④の手順に従って移動させると図2のようになった。このとき，│ ア │と│ イ │にあてはまる数字の和として妥当なのはどれか。

図1　│ 1 │ │ 2 │ │ 3 │ │ 4 │ │ 5 │
図2　│ 4 │ │ 5 │ │ 2 │ │ 3 │ │ 1 │

① 5のカードを│ ア │のカードの右隣に移動する。
② 1のカードを4のカードの右隣に移動する。
③ 4のカードを│ イ │のカードの右隣に移動する。
④ 2のカードを5のカードの右隣に移動する。

【R元　市役所】

1 3
2 4
3 5
4 6
5 7

STEP 1　最後の状態からわかることを考える

③の移動の後に4のカードは│ イ │のカードの右にあったはずなのに，図2の段階で4のカードは一番左に来ているので，④の移動で│ イ │のカードは移動したことがわかります。④で移動しているのは2のカードなので│ イ │は2となります。

途中はわかりにくいので，最初と最後をチェックするといいよ。

STEP 2　わかったことから次を考える

STEP1より③の移動後には「2・4・5」となっていることがわかります。つまり③の前は4のカードが抜けて「2・5」と並んでいたことになります。①の移動で5のカードを│ ア │のカードの右隣りに移動したとあるので，│ ア │には2が入ります。

この時点で，
│ ア │＝2
│ イ │＝2
とわかり，正答は**2**だとわかるね。

念のため，手順通りにカードを動かしてみると，次のようになります。

| 1 | 2 | 3 | 4 | 5 |

↓① 5のカードを2のカードの右隣に移動する。

| 1 | 2 | 5 | 3 | 4 |

↓② 1のカードを4のカードの右隣に移動する。

| 2 | 5 | 3 | 4 | 1 |

↓③ 4のカードを2のカードの右隣に移動する。

| 2 | 4 | 5 | 3 | 1 |

↓④ 2のカードを5のカードの右隣に移動する。

| 4 | 5 | 2 | 3 | 1 |

以上より， ア には2， イ にも2が入るので， ア と イ の和は4
となります。

よって正答は**2**となります。

正答
2

第5章 規則性を見つけよう！

179

以下のルールに従ってゲームを行う。

ア　サイコロが1つと，中が見えない外見の同じ4つのカップがある。

イ　ディーラーは，カップを伏せた状態で横一列に並べ，プレイヤーに見えないように4つのカップのうちのどれか1つにサイコロを隠す。

ウ　プレイヤーは4つのカップのうち，サイコロが入っていると思われるカップを1つ開ける。

エ　サイコロが入っていたときは，「当たり」となってゲームが終了する。

オ　当たらなければゲームが続き，ディーラーはプレイヤーに見えないようにサイコロを隣にあるカップに移し，プレイヤーはサイコロが入っていると思われるカップを1つ開ける。

このゲームで，確実に「当たり」になるまでにプレイヤーがカップを開ける最少の回数として，正しいものはどれか。

【R3　裁判所】

- -

1　2回
2　3回
3　4回
4　5回
5　6回

🐬 STEP 1 どこに移動するかを表でまとめる

4つのカップをA〜Dとします。AとDは隣がBとCの1通りしかないので，次にどこに移動するかがわかります。

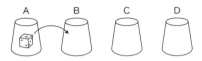

一方でBとCのカップの次の移動先は左右の2通りになり，移動先はわかりません。

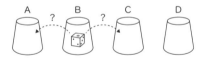

確実かつより少ない回数で当てるには，次の移動の選択肢が多いカップを開け続ける必要があります。そのためまずBやCを開けようと考えます。まず，B（Cでも可）を開けるとします。サイコロがどこにあったかで次のように移動します。

・Aにサイコロがあった場合→次はBに移動
・Bにサイコロがあった場合→「当たり」
・Cにサイコロがあった場合→次はBかDに移動
・Dにサイコロがあった場合→次はCに移動

　これを表にまとめると次のようになります。

Bを開ける

最初の位置	移動先①
A	B
B	当たり
C	B
	D
D	C

　Bにあったときは「当たり」になりますが，これはたまたま「当たり」のカップを選択したことになり確実ではないので，A・C・Dの場合を考えます。すると，この時点でサイコロの移動先はB・C・Dに絞られます。

🐬 STEP 2　選択肢を少なくしていく

　2回目も移動の選択肢が多いBかCを開けます。Bを開けて当たらなかった場合，Dに入っていたとすると次はCに移動し，Cに入っていたとすると次はBかDに移動するので，2回目の移動先の可能性はBかCかDの3通りになります。一方2回目にCを開けて当たらなかった場合，Bに入っていたとすると次はAかCに移動し，Dに入っていたとすると次はCに移動するので，次の可能性はAかCかの2通りになります。ですから，より選択肢を少なくするために2通りになるCを開けるべきです。よって，2回目はCを開けることにします。その場合，次の表のようになります。

Bを開ける ━━━➤ Cを開ける

最初の位置	移動先①	移動先②
A	B	A
		C
B	当たり	
C	B	A
		C
	D	C
D	C	当たり

 **STEP 3** 可能性が多いほうを追い詰める

3回目はAかCを開ければよいが，移動の選択肢が多いCを開けます。

B を開ける ⟶ C を開ける→C を開ける

最初の位置	移動先①	移動先②	移動先③
A	B	A	B
		C	当たり
B	当たり		
C	B	A	B
		C	当たり
	D	C	当たり
D	C	当たり	

　Cを開けて当たらなかった場合，最後にBを開けると確実に当たります。以上のように4回開けると確実に「当たり」になります。

　よって，正答は**3**となります。

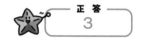
正答 3

練習問題 3

　6個の箱に No.1〜No.6 の番号が順に付けられている。また1個 10gの玉と1個11gの2種類の玉があって，それぞれの箱にどちらか一方の玉だけが多数入っている。今，No.1の箱から1個，No.2の箱から2個，No.3の箱から 2^2 個…No.6の箱から 2^5 個の玉を取り出して重さを量ったところ，全部で655gあったという。それぞれの箱に入っている玉の種類について，妥当なものはどれか。

（注）　$1 + 2 + 2^2 + 2^3 + 2^4 + 2^5 = 63$

【H11　地方上級】

- -

1　No.2 の箱には 10g の玉が入っている。
2　No.3 の箱には 11g の玉が入っている。
3　No.4 の箱には 10g の玉が入っている。
4　No.5 の箱には 10g の玉が入っている。
5　No.6 の箱には 11g の玉が入っている。

STEP 1　ヒントを見逃すな！

　オマケのようについている
「(注) $1 + 2 + 2^2 + 2^3 + 2^4 + 2^5$」
が大きなヒントになりそうです。何を意味しているのでしょう。

極端な場合を想定する
とりあえず，全部が10gの場合と11gの場合を考えてみよう。

　もし，No.1〜No.6まですべて10gの玉が入っていたら重さの合計は，

　　$10 + 10 \times 2 + 10 \times 2^2 + 10 \times 2^3 + 10 \times 2^4 + 10 \times 2^5$
　$= 10 + 20 + 40 + 80 + 160 + 320 = 630$〔g〕…①

です。また，全部11gの玉が入っているときは，

　　$11 + 11 \times 2 + 11 \times 2^2 + 11 \times 2^3 + 11 \times 2^4 + 11 \times 2^5$
　$= 11 + 22 + 44 + 88 + 176 + 352 = 693$〔g〕…②

です。

　そして①と②との差がちょうど（注）で挙げられた 63 になります。

　No.1〜No.6までの箱に入っている玉を $\boxed{1}$〜$\boxed{6}$ で表すと，

　　$\boxed{1} + \boxed{2} \times 2 + \boxed{3} \times 2^2 + \boxed{4} \times 2^3 + \boxed{5} \times 2^4 + \boxed{6} \times 2^5$

上の式の $\boxed{1}$〜$\boxed{6}$ のすべてに0を入れると0になり，1を入れると63になることを考えると，$\boxed{1}$〜$\boxed{6}$ に0または1を入れて計算した結果が，

　　$655 - 630 = 25$〔g〕

計算おたすけ
$1 + 2 + 2^2 + 2^3 + 2^4 + 2^5$
$= 1 + 2 + 4 + 8 + 16 + 32$
$= 63$ を使うと楽に計算できるね。

になれば 11g の玉の総重量と 10g の玉の総重量の差を正しく表したことになるのです。

つまり，25 を 2 進法で表せばその各ケタの数字から $\boxed{1}$〜$\boxed{6}$ が 0 か 1 かがわかります。

STEP 2 2進法で表す

方針が決まったので，25 を 2 進法で表します。10 進法を 2 進法に変える方法を説明します。まず，下のように式を書きます。

$$2\underline{)25} \cdots \boxed{B}$$
$$\boxed{A}$$

この式は，

25 ÷ 2 を計算し，$\boxed{A}$ に商，$\boxed{B}$ に余りを書く

という意味です。25 ÷ 2 = 12…1 ですから，A = 12，B = 1 と書きます。

$$2\underline{)25} \cdots 1$$
$$2\underline{)12} \cdots \boxed{D}$$
$$\boxed{C}$$

同様に，12 ÷ 2 の商と余りを$\boxed{C}$，$\boxed{D}$に書きます。割り切れて余りが出なかったときは忘れずに余り 0 と書いてください。ここでは D = 0 です。

$$2\underline{)25} \cdots 1$$
$$2\underline{)12} \cdots 0$$
$$6$$

これを，商が 1 になるまで続けます。その結果が次の式です。

$$2\underline{)25} \cdots 1$$
$$2\underline{)12} \cdots 0$$
$$2\underline{)\ 6} \cdots 0$$
$$2\underline{)\ 3} \cdots 1$$
$$1$$

そして，余りを矢印の順に書いた数が 2 進法です。

25 を 2 進法で表すと，11001_2

10進法と2進法

普段，私たちが使っている数は 10 進法で，0，1，2…8，9 の次に 1 ケタ繰り上がります。2 進法は 0，1 の次に 1 ケタ繰り上がるので，次のようになります。

10 進法	= 2 進法
0	= 0
1	= 1
$2(= 2^1)$	= 10
3	= 11
$4(= 2^2)$	= 100
5	= 101
6	= 110
7	= 111
$8(= 2^3)$	= 1000
9	= 1001
10	= 1010
11	= 1011
12	= 1100
13	= 1101
14	= 1110
15	= 1111
$16(= 2^4)$	= 10000
17	= 10001
⋮	⋮

3進法の場合は，割る数を3にすれば求められるよ。商が3より小さくなっ
たら終わりだよ。

$$3 \underline{)25} \cdots 1$$
$$3 \underline{)\ 8} \cdots 2$$
$$2$$

$25 = 221_3$

n 進法で 123 を 123_n と表すんだ。

STEP 3   □に当てはめる

そして，2進法の数字の右から，$\boxed{1}$，$\boxed{2}$…と順に当てはめていきます。先ほどの
式の項の順序を変えて，わかりやすくします。

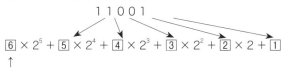

1 1 0 0 1

$$\boxed{6} \times 2^5 + \boxed{5} \times 2^4 + \boxed{4} \times 2^3 + \boxed{3} \times 2^2 + \boxed{2} \times 2 + \boxed{1}$$
↑
数字は5個しかないので$\boxed{6}$には0が入ります。

$\boxed{1}$～$\boxed{6}$に入る数は 10g との差を表しているので，0が入った箱には 10g の玉が，
1が入った箱には 11g の玉が入っています。したがって，No.2 の箱には 10g の
玉が入っていることがわかります。

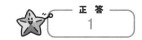

正 答

1

知ってて得する！

　重さの差を利用して考える方法もありますが，それとは別に場合分けをして答え
を求める方法もあります。

　つまり，たとえば No.2 の箱から取り出した玉の重さは 10g あるいは 11g なの
で，$10 \times 2 = 20$g あるいは $11 \times 2 = 22$g のどちらかです。どの箱も取り出した
玉の合計の重さは「× 10」か「× 11」の2通りですから，No.1 ～6 の箱それぞ
れの重さを合計し，655 になるものを探せばよいのです。

　それぞれの箱から取り出した玉の重さの合計を表にしてみると次のようになりま
す。

No.1	10	11
No.2	20	22
No.3	40	44
No.4	80	88
No.5	160	176
No.6	320	352

気づいた？
箱から取り出した玉の合計の重さが、それぞれの箱に対して2通りあることに気がつくことがポイントだよ。

　この中で、11 + 20 + 40 + 88 + 176 + 320 = 655 となります。よって、No.2の箱には10gの玉が入っているとわかります。

次の記述のア，イ，ウに入るものの組合せとして妥当なのはどれか。

甲社では，A商品とB商品を製造し，同じ商品を13個ずつ1箱の段ボール箱に詰めて，乙社に出荷している。A商品とB商品は外見がまったく同じであるが，重さが異なり，A商品は1個1kgで，B商品はそれより1g重い。あるとき乙社が甲社から段ボール箱入りの商品を，A商品とB商品を合わせて計5箱仕入れたところ，荷札が紛失していたため，どの段ボール箱にどちらの商品が入っているかわからなかった。

そこで1gまで正確に量れる台はかりを1台使い，A商品の入っている段ボール箱をすべて見つけ出したい。台はかりを5回使えば，確実にすべてを見つけ出すことができることは明らかだが，1回使うだけですべてを見つけ出すためには，五つの段ボール箱からそれぞれ13個，12個，　ア　個，　イ　個，　ウ　個の商品を取り出し，それら全体の重さをはかることでA商品が入っている段ボール箱がすべてわかる。

【H14　国家一般職［大卒］】

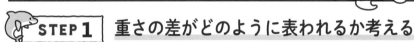

	ア	イ	ウ		ア	イ	ウ
1	11	9	7	**2**	11	9	6
3	10	8	5	**4**	10	8	4
5	10	7	4				

STEP 1　重さの差がどのように表われるか考える

たとえば，選択肢**1**の場合を，段ボール箱に①～⑤の番号を付けて考えてみましょう。

1の場合は，全部の個数は

13 + 12 + 11 + 9 + 7 = 52（個）です。

もし，計量の結果52kg20gだったとしましょう。

B商品はA商品より1g重いので，

B商品が52個の中に20個含まれているということがわかりますね。

1は，それぞれの箱から次のような個数を取り出して計量していました。B商品20個として考えられるのは，①と⑤あるいは③と④のどちらかです。つまり，1回の計量ではA商品の入っている段ボール箱を特定することはできません。

> **ここに注目**
> 商品の重さの差が計量の結果にどのように反映されるのか，に注目しよう。

1

①	②	③	④	⑤
13	12	11	9	7

1の例から，①〜⑤から取り出した商品の個数の和が同じになる場合があるとA商品の段ボールを特定できないことがわかりました。

STEP 2 それぞれの選択肢を見てみる

選択肢**2**〜**5**を STEP 1 のようにみて見ましょう。

2

①	②	③	④	⑤
13	12	11	9	6

和が同じになる組合せはありません。これが正答になりそうですが，念のためほかの選択肢も見てみましょう。

3

①	②	③	④	⑤
13	12	10	8	5

①と④+⑤はともに 13 です。あるいは①+⑤と③+④がともに 18 です。

4

①	②	③	④	⑤
13	12	10	8	4

②と④+⑤はともに 12 です。

5

①	②	③	④	⑤
13	12	10	7	4

①+⑤と③+④がともに 17 個です。
したがって，**2**が正答となります。

正答
2

17 暗号を解読する問題
~規則性を発見しよう~

この章では原文と暗号文の間の対応の規則性を見つけ出し，規則性に従って選択肢を選ぶという問題を扱います。対応の規則にはさまざまなパターンがありますが，暗号のバリエーションをひととおり知っておくと，規則性に対するひらめきが生まれてきます。

例　題

ある暗号で「晴海」が「1033　1236　1143」，「上野」が「1201　2210　0505」で表されるとき，同じ暗号の法則で「2223　1118　0116」と表されるのはどれか。

【H24　特別区】

- **1** 「大田」
- **2** 「豊島」
- **3** 「中野」
- **4** 「練馬」
- **5** 「港」

この問題は，一見意味のない数字の並びを，意味のある言葉に変換する規則性を見抜くものです。まずは漢字を平仮名とローマ字で表してみましょう。

STEP 1　平仮名とローマ字にしてみる

「晴海」を平仮名にすると「はるみ」で3文字，「上野」を平仮名にすると「うえの」で同じく3文字です。暗号はどちらも「4ケタの数字」が3組ですから，平仮名1文字につき「4ケタの数字」1組の暗号があたると考えられます。

ローマ字で考えるとどうなるでしょう。「晴海」＝「HARUMI」＝6文字，「上野」＝「UENO」＝4文字で文字数と暗号に規則性はなさそうですから，平仮名のほうで考えを進めましょう。

暗号を解く第一歩

暗号の問題では，最初に文字の数（要素の数）を数えるのが鉄則だよ！
晴海（2文字）＝はるみ（3文字）＝HARUMI（6文字）
上野（2文字）＝うえの（3文字）＝UENO（4文字）

 **STEP 2** 対応の仕組みを探す

平仮名と数字を対応させてみましょう。

は	る	み	う	え	の
1033	1236	1143	1201	2210	0505

見やすくするために 50 音表を作成してみます。

	あ	か	さ	た	な	は	ま	や	ら	わ
あ						1033				
い						1143				
う	1201								1236	
え	2210									
お					0505					

これで規則が見えてきましたか？　上2ケタの和を段ごとに見ると，

あ段…1＋0＝1
い段…1＋1＝2
う段…1＋2＝3
え段…2＋2＝4
お段…0＋5＝5

となっていることがわかります。下2ケタを行ごとに見るとどうでしょうか。

あ行…0＋1＝1＋0＝1
な行…0＋5＝5
は行…3＋3＝6
ま行…4＋3＝7
ら行…3＋6＝9

上2ケタの和は段を，下2ケタの和は行を表していることがわかります。

> **段？行？**
> 「あいうえお」「かきくけこ」など表の縦を「あ行」「か行」などといって，「あかさたな…」「いきしちに…」など表の横を「あ段」「い段」などというんだよ。

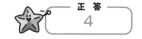 **STEP 3** 暗号を解読する

上の 50 音表を，上2ケタと下2ケタの和に直して書いてみます。問題の「2223 1118 0116」は「45，29，17」ですから，「ねりま」→「練馬」と読めますね。

	あ	か	さ	た	な	は	ま	や	ら	わ
あ						16			17	
い							27		29	
う	31								39	
え	41				45					
お					55					

よって，正答は**4**です。

表の書き方

50 音図はタテとヨコに数字を書く方法もあります。

	1	2	3	4	5	6	7	8	9	10
1						は	ま			
2							み		り	
3	う								る	
4	え				ね					
5					の					

上2ケタと下2ケタの和に直すと,
「晴海」は「1033　1236　1143」＝「16　39　27」
「上野」は「1201　2210　0505」＝「31　41　55」
と確認できます。
　「2223　1118　0116」＝「45　29　17」
は, この表からも「ねりま」→「練馬」と読めますね。

練 習 問 題 1

アルファベットの配列を数字の配列に置き換えた暗号で，暗号化のためのキーワード「HELLO」を用いると，「JAPAN」が「18　06　02　13　03」と表される。同じキーワードを用い，「TOKYO」を表したのはどれか。

【H14　地方上級】

1　「20　25　11　25　15」
2　「19　04　01　06　04」
3　「23　24　13　23　16」
4　「02　20　23　11　04」
5　「01　14　23　17　03」

アルファベットと数字の対応です。

1〜5の選択肢を見ると，数字はすべて2ケタのもので，「01」「13」などが目に入りますね。ということは，数字の暗号が01から99までの99種類もある！「こりゃ大変だ」と思ってしまうかもしれません。

でも，大丈夫です。対応する規則を見つければよいのですから。

STEP 1 手がかりは問題文中に必ずある！

最初の手がかりは，「アルファベットの配列を数字の配列に置き換えた暗号」です。試しにアルファベットのABCの順番に，数字を1から置き換えてみましょう。

A　B　C　D　E　F　G　H　I　J　K　L　M
01　02　03　04　05　06　07　08　09　10　11　12　13

N　O　P　Q　R　S　T　U　V　W　X　Y　Z
14　15　16　17　18　19　20　21　22　23　24　25　26

この置き換えで正しければ，キーワードのHELLOはどうなるでしょうか。

H　E　L　L　O
08　05　12　12　15

> **暗号化のためのキーワード「HELLO」って何だ？**
> 「HELLO」をカギのように使って暗号化しているということなので，単にアルファベットの配列を数字に置き換えただけじゃなくて，もうひとひねりしてるよー，ということだね。
> 「HELLO」も「JAPAN」も「TOKYO」もアルファベット5文字で数字も5組なので，アルファベット1文字と数字1組が対応しているのだから「HELLO」を変換した数字を足したり引いたりするのかなーと予想できるよ。

一方，ＪＡＰＡＮは，

$$\begin{array}{ccccc} \text{J} & \text{A} & \text{P} & \text{A} & \text{N} \\ 10 & 01 & 16 & 01 & 14 \end{array}$$

キーワードを使うと「ＪＡＰＡＮ」の「10　01　16　01　14」が「18　06　02　13　03」と表されるのですね。

STEP 2 ｜ 規則性を探してみよう

まず，縦にそろえて並べてみましょう。

	H	E	L	L	O
a	08	05	12	12	15

	J	A	P	A	N
b	10	01	16	01	14
	↓	↓	↓	↓	↓
c	18	06	02	13	03

いかがでしょうか？ちょっとわかりにくいですね。では，数字だけ並べてみましょう。

a	08	05	12	12	15
	?	?	?	?	?
b	10	01	16	01	14
	↓	↓	↓	↓	↓
c	18	06	02	13	03

　bの行の数字にaの行の数字がかかわって，cの行の数字に暗号化されています。この場合，数字から数字への暗号化ですから，四則演算「＋」「－」「×」「÷」のどれかが暗号化を助けています。

　さて，色をつけた３つの部分はa＋b＝cであることが一目瞭然ですね。

a	08	05	12	12	15
	＋	＋	?	＋	?
b	10	01	16	01	14
	↓	↓	↓	↓	↓
c	18	06	02	13	03

４つの中から
このような問題では，問題の数字を眺めているだけでは解決しません。２数を足したり引いたりの試行錯誤の中に，解決への糸口を見つけることができるよ。

問題は？の部分です。残りの2つもほかの3つとまったく無関係ではないはずですから，まずは $a+b$ を計算してみましょう。

$$12 + 16 = 28 \; ? \;\; 02$$
$$15 + 14 = 29 \; ? \;\; 03$$

もうおわかりでしょうか。？は「26を引く」という引き算ですね。

$$12 + 16 = 28 > 26 \quad 28 - 26 = 2 \quad 02$$
$$15 + 14 = 29 > 26 \quad 29 - 26 = 3 \quad 03$$

以上のことをまとめると，ＨＥＬＬＯというキーワードを使った暗号化は，「ＨＥＬＬＯのアルファベットを数字化したものをそれぞれ足し，26を超えた場合は，26を引く」というものだと考えられます。

STEP 3　問題文の要求している暗号化をしてみる

「ＴＯＫＹＯ」は，

A	B	C	D	E	F	G	H	I	J	K	L	M
01	02	03	04	05	06	07	08	09	10	11	12	13

N	O	P	Q	R	S	T	U	V	W	X	Y	Z
14	15	16	17	18	19	20	21	22	23	24	25	26

で置き換えると，
　「ＴＯＫＹＯ」は「20　15　11　25　15」，「ＨＥＬＬＯ」は「08　05　12　12　15」ですから，それぞれ足し算すると，
「20＋8　15＋5　11＋12　25＋12　15＋15」なの　で，「28　20　23　37　30」となります。
　暗号化の規則の中には，「26を超えた場合は，26を引く」がありましたね。ですから，
「28－26　20　23　37－26　30－26」となるので「ＴＯＫＹＯ」は「02　20　23　11　04」と表されます。正答は**4**です。

正　答
4

ある暗号によれば，図Ⅰは「時計」，図Ⅱは「眼鏡」と解読できるという。この暗号により図Ⅲを解読したとき，妥当なのはどれか。

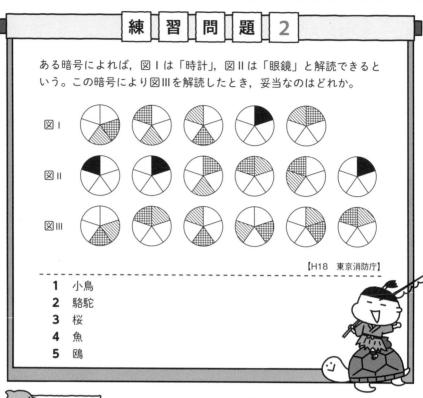

【H18　東京消防庁】

1 小鳥
2 駱駝
3 桜
4 魚
5 鴎

🐬 STEP 1　アルファベット順に並べてみる

　文字数から推測していきましょう。図Ⅰは5つの記号で「時計」，図Ⅱは6つの記号で「眼鏡」なので，漢字のままでは数が合いません。ローマ字にしてみましょうか。すると，時計＝TOKEI，眼鏡＝MEGANEとなって，いい感じです。重複して登場する「E」が同じ記号に変換されていることから，確信が持てますね。

　とりあえず，アルファベット順に並べ替えてみることにしましょう。

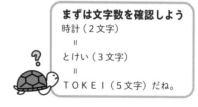

まずは文字数を確認しよう
時計（2文字）
‖
とけい（3文字）
‖
TOKEI（5文字）だね。

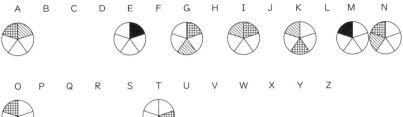

　ＭＮＯが連続していたり，ＥＧＩＫＭが１つ飛びだったり，はたまたＥとＭが特徴的だったりで，ヒントがテンコ盛りのような気がしますが，いまひとつ規則性が見抜けませんね。

STEP 2　５×５の変換表をつくる

　そこで「円が五等分されていること」と「模様が２種類あること」に注目しましょう。ＥとＭはこの２種類の模様が重なった結果と考えるのです。
　すると，５×５の25マスにアルファベット26文字を対応させたのではないか，と予想できます。どの文字かはわかりませんが，１文字は，はみ出してしまうようですね。
　５分割した円の１か所に模様を書き込んで，回転させることにします。縦方向に斜線模様を，横方向に格子模様を書き込むことにしましょう。２種類の模様が重なった（対角線上の）５マスは，１か所が塗りつぶされます。

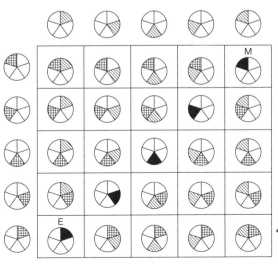

> **５×５の変換表**
> アルファベットが26文字なので，５×５＝25マスの表と対応させてみよう。かなり強引ですが，実際によく出題されるんだよ。

197

Eが左下，Mが右上であることがわかりました。ほかの文字も書き入れてみましょう。すると，左上から中心に向かって，アルファベットが回転しながら配置されている規則性が見て取れます。

A		O	N	M
				K
		T		
E		G		I

ただし，どの1文字が省かれるのかははっきりしません。次の表では，とりあえずYとZを1マスに収めてみました。

A	P	O	N	M
B	Q	X	W	L
C	R	YZ	V	K
D	S	T	U	J
E	F	G	H	I

省略される文字にこだわらない

Tまでは確定するので，U〜Zのいずれかが省かれるね。ただし，どれが省かれるのかを決めなくても先に進めるので，ここで足踏みしてはいけないよ。

STEP 3 | 図Ⅲの記号を置き換える

では，図Ⅲの記号をアルファベットに置き換えてみましょう。

A P	P	O	N	M
B	Q	X	W	L
C	R	Y Z	V	K
D	S	T	U	J
E	F	G	H	I

　順に，ＲＡＫＵＤＡとなります。したがって，正答は**2**の駱駝（ラクダ）となります。

正　答
2

ある暗号で「ししまい」が「◎822 △221 □416 ☆072」,「てまり」が「□543 ☆691 ◎782」と表されるとき,同じ暗号の法則で表される言葉「□611 ◎891 ☆495 □214 △618 ◎704」に関係する語として,妥当なのはどれか。

【H16　特別区】

- -

1　バラ
2　隅田川
3　富士山
4　飛行機
5　ケーキ

50音（ひらがな）に暗号が対応していますが,ちょっと規則性を見つけにくい暗号の問題です。

STEP 1　暗号に対応する文字を探す

「ししまい」が「◎822 △221 □416 ☆072」に,「てまり」が「□543 ☆691 ◎782」にどのように対応しているか確かめてみましょう。

「ししまい」は4文字,「てまり」は3文字です。それぞれの暗号は区切りやすそうですね。

また,考えやすいかもしれませんから,ひらがなをローマ字でも表してみます。

◎822	△221	□416	☆072
し	し	ま	い
SI	SI	MA	I

□543	☆691	◎782
て	ま	り
TE	MA	RI

まずは…
まずはこの暗号に対応する文字を探すことからはじめてみましょう。

この2つを見比べると,□416と☆691は両方とも「ま（MA）」です。しかし,

視点の切り替え！

暗号化された言葉の共通点から規則性が見つからないときは,暗号そのものの共通部分を探してみよう。

この２つに共通するものは，すぐには見つけられません。

　今までの考え方は，共通するものを見つけることから規則性を探す，というものだったはずです。それが通用しないのでしょうか。

　しかし，暗号化されているということは，必ず規則性があるはずです。注目するところを変えてみましょう。暗号に共通点はないでしょうか。

◎822	△221	□416	☆072
し	し	ま	い
SI	SI	MA	I

□543	☆691	◎782
て	ま	り
TE	MA	RI

　◎822 と◎782 は，ともに◎をもち，母音が「い（I）」「あいうえお」の２番目です。一番最後の数字が，もしかするとそのことを表しているかもしれません。

　では，☆をもつ暗号はどうでしょう。☆072 は「あいうえお」の２番目，☆691 は「あいうえお」の１番目，◎をもつ暗号と同じです。

　同様に，母音に注目すると，□416 と□543 は，ともに□をもち，母音が「あ（A）」は「あいうえお」の１番目，「え（E）」は「あいうえお」の４番目。

　以上をまとめると

・◎と☆をもつ暗号の最後の数字は，50 音表の何段目かを表している。
・□をもつ暗号の最後から２番目の数字は，50 音表の何段目かを表している。

　段を表す数字が含まれているならば，行を表す数字もあるはずです。

　◎と☆をもつ暗号を見てみましょう。50 音表の行ですから，「あかさたなはまやらわ」です。順番に数字を付けると，「１２３４５６７８９10」ですが，10 という２ケタの数は今回の暗号には見られません。すべて１ケタの数字にするためには「０１２３４５６７８９」と考えれば大丈夫ですね。

0	1	2	3	4	5	6	7	8	9
↓	↓	↓	↓	↓	↓	↓	↓	↓	↓
あ	か	さ	た	な	は	ま	や	ら	わ

　◎822 は「し」ですから，さ行で，行は「０１２３４５６７８９」の３つ目の「２」。暗号の最後から２番目に適合します。もう１つの◎782 はどうでしょうか。「り」ですから９つ目の「８」です。やはり最後から２番目に適合しました。

あせらずに！
暗号は，明確にわからないままにしてありますが，解いていくうちに，あとで判明することもありますし，もともと意味を持たないダミーが含まれていることもあります。ここで無理に定義しないようにしましょう。

同じように☆をもつ暗号も試してみましょう。☆072 は「い」ですから，あ行で，行は「0 1 2 3 4 5 6 7 8 9」の1つ目の「0」。暗号の最後から3番目に適合します。もう1つの☆691 は「ま」ですから，ま行で，7つ目の「6」。適合していますね。

　続いて，□をもつ暗号です。□416 は「ま」で，ま行7つ目の「6」。□543 は「て」で，た行で4つ目の「3」。最後の数字が行を表しています。残りは，△221 の「し」で，さ行で3つ目の「2」。段も「い」ですから「2」。どちらの2が△221 のどの2なのか，これらからはわかりません。少なくとも最後の数字がかかわっていないということにとどめておきましょう。

🐬 STEP 2 　ここまでの規則性をまとめる

　STEP 1 で得ることができた暗号化の規則性をまとめてみましょう。（　）の中に3つの数字が並んでいるとします。

- ・□をもつ暗号＝□（？，段，行）
- ・☆をもつ暗号＝☆（行，？，段）
- ・◎をもつ暗号＝◎（？，行，段）
- ・△をもつ暗号＝△（段，行，？）または（行，段，？）

これらが，次の 50 音表に対応します。

9 8 7 6 5 4 3 2 1 0	行 段
わ　ら　や　ま　は　な　た　さ　か　あ	1
り　　　み　ひ　に　ち　し　き　い	2
る　ゆ　む　ふ　ぬ　つ　す　く　う	3
れ　　　め　へ　ね　て　せ　け　え	4
を　ろ　よ　も　ほ　の　と　そ　こ　お	5

STEP3 | 規則性をもとに問題の暗号を解読する

問題の暗号は，次のとおりです。

「□ 611 ◎ 891 ☆ 495 □ 214 △ 618 ◎ 704」

対応が判明した□☆◎について 50 音表から探していくと，

□ 611 → 1 段 1 行の文字＝「か」

◎ 891 → 1 段 9 行の文字＝「わ」

☆ 495 → 5 段 4 行の文字＝「の」

□ 214 → 1 段 4 行の文字＝「な」

◎ 704 → 4 段 0 行の文字＝「え」

となります。

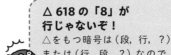

**△ 618 の「8」が
行じゃないぞ！**

△をもつ暗号は（段，行，？）
または（行，段，？）なので，
最後の「8」はダミーになる！

9	8	7	6	5	4	3	2	1	0	行／段
わ	ら	や	ま	は	な	た	さ	か	あ	1
	り		み	ひ	に	ち	し	き	い	2
	る	ゆ	む	ふ	ぬ	つ	す	く	う	3
	れ		め	へ	ね	て	せ	け	え	4
を	ろ	よ	も	ほ	の	と	そ	こ	お	5

（「ん」は不明）

△ 618 については「段」は 5 つしかないことから，6 が「行」を表し，1 が「段」を表しているとわかります。

△ 618 → 1 段 6 行の文字＝「ま」

これらを順番に並べると「かわのなまえ」という言葉が暗号化されていたことがわかりました。これに関係する語として妥当なものを選ぶことが指示されているので，**2** の「隅田川」が正答です。

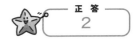

正　答
2

ある暗号で「DOG」が「100000, 10101, 11101」,「FOX」が「11110, 10101, 1100」で表されるとき, 同じ暗号の法則で「100001, 100011, 10000」と表されるのはどれか。

【H25 特別区】

1 「ANT」
2 「BEE」
3 「CAT」
4 「COW」
5 「PIG」

STEP 1 まずは文字数の確認から

「DOG」=「100000, 10101, 11101」,「FOX」=「11110, 10101, 1100」なので, 1つのアルファベットにつき1組の数字があてはまりそうです。両方にある「O」=「10101」であることからも間違いなさそうです。

STEP 2 一覧表を作る

アルファベットと暗号の一覧表を作りましょう。

A	B	C	D	E	F	G	H	I
			100000		11110	11101		
J	K	L	M	N	O	P	Q	R
					10101			
S	T	U	V	W	X	Y	Z	
					1100			

数字が0と1しか使われていませんね。これは2進法だと予想ができます。さらに, アルファベットが続いているFとGに注目すると, F=11110, G=11101ですから, FからGに2進法で1減っていることがわかります。

では，その他のアルファベットも埋めてみましょう。

A	B	C	D	E	F	G	H	I
100011	100010	100001	100000	11111	11110	11101	11100	11011

J	K	L	M	N	O	P	Q	R
11010	11001	11000	10111	10110	10101	10100	10011	10010

S	T	U	V	W	X	Y	Z	
10001	10000	1111	1110	1101	1100	1011	1010	

この表より，「100001，100011，10000」＝「CAT」となるので，正答は **3** です。

正答
3

別解

これでもOK！

暗号が2進法だとわかったら，暗号を10進法にしてみましょう。

D＝100000 → $2^5 = 32$
O＝10101 → $2^4+2^2+1 = 21$
G＝11101 → $2^4+2^3+2^2+1 = 29$
F＝11110 → $2^4+2^3+2^2+2^1 = 30$
X＝1100 → $2^3+2^2 = 12$

これを元に一覧表を作ります。

2進法から10進法の計算
2進法で表される「abcdef」という数は，10進法では「$a×2^5+b×2^4+c×2^3+d×2^2+e×2^1+f$」と表されるんだ。

A	B	C	D	E	F	G	H	I
35	34	33	32	31	30	29	28	27

J	K	L	M	N	O	P	Q	R
26	25	24	23	22	21	20	19	18

S	T	U	V	W	X	Y	Z	
17	16	15	14	13	12	11	10	

よって，「100001，100011，10000」→「33，35，16」＝「CAT」となるので，正答は **3** です。

計算すると
100001 → $2^5+1 = 33$
100011 → $2^5+2^1+1 = 35$
10000 → $2^4 = 16$
になるね。

融合
させよう！

18 真偽を融合させる問題
～真偽は名わき役～

　ここでは，何人かの発言をもとに，確実にいえる選択肢を選ぶという問題を扱います。しかし，発言は必ずしも正しい内容であるとは限りません。発言者の中には「ウソつき」もいます。たとえば，ウソつきも「私はウソつきではありません」と発言し，決して「私はウソつきです」とは言わないのです。なぜなら，その発言は「私＝ウソつき」という正しい内容になり，「私」がウソつきであることと矛盾するからです。

　この「矛盾」を見つけること，すなわち「背理法」が，このテーマでのポイントになります。

例　題

　A～Eの5人が，登山をしたときに山頂へ到着した順番について，それぞれ次のように発言している。
　A「私はDの次に到着した。」「CはEの次に到着した。」
　B「私はEの次に到着した。」「Aは最後に到着した。」
　C「私はBの次に到着した。」「EはDの次に到着した。」
　D「私は最後に到着した。」「BはEの次に到着した。」
　E「私はAの次に到着した。」「AはCの次に到着した。」
　5人の発言の一方は事実であり，他方は事実ではないとすると，最初に到着した人として，正しいのはどれか。ただし，同着はないものとする。

【H26　東京都】

- -

1　A
2　B
3　C
4　D
5　E

　それぞれの人が話している2つの内容のうち，1つは事実，1つは事実ではありません。したがって，1人の発言について一方を事実，他方を事実ではないと仮定し，ほかの発言と矛盾がないか調べていきます。

ウソつき問題の常用パターン

仮定に矛盾あり→仮定が×
仮定に矛盾なし→仮定は○

 STEP 1 仮定からスタート

　まず，発言を図式化しましょう。早く到着したほうを左，遅く到着したほうを右
にします。

A の発言・・・	DA	EC
B の発言・・・	EB	A 最後
C の発言・・・	BC	DE
D の発言・・・	D 最後	EB
E の発言・・・	AE	CA

　A の発言について，「DA」を×（事実ではない），「EC」を○（事実）と仮定しま
す。ほかの人の発言で矛盾しているところはありませんか？

　「EC」＝○ですから，E または C に関する発言を探します。すると B の発言が
「EB」＝×となり，もう１つの発言は「A 最後」＝○だとわかります。

　同様に，「EC」＝○ですから，C の発言の「BC」＝×であり，「DE」＝○とな
ります。

　さらに，D の発言の「EB」＝×，「D 最後」＝○となります。

　ここで矛盾に気がつきましたか？　C の発言の「DE」＝○と，D の発言の「D
最後」＝○は矛盾しています（B の発言の「A 最後」とも矛盾します）。

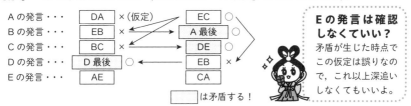

A の発言・・・	DA ×（仮定）	EC ○
B の発言・・・	EB ×	A 最後 ○
C の発言・・・	BC ×	DE ○
D の発言・・・	D 最後 ○	EB ×
E の発言・・・	AE	CA

　　　　　は矛盾する！

**E の発言は確認
しなくていい？**
矛盾が生じた時点で
この仮定は誤りなの
で，これ以上深追い
しなくてもいいよ。

 STEP 2 仮定を変えて仕切り直し

　矛盾が生じたので，STEP 1 の仮定は間違っていたことがわかりました。

　今度は逆に，A の発言について，「DA」＝○，「EC」＝×と仮定します。

　「DA」＝○ですから，D または A に関する発言を探します。すると C の発言の
「DE」＝×となり，もう一つの発言の「BC」＝○だとわかります。

　同様に，「DA」＝○ですから，D の発言の「D 最後」＝×であり，「EB」＝○と
なります。

　さらに，E の発言の「CA」＝×，「AE」＝○となり，これより B の発言の「A

第 6 章　融合させよう！

最後」＝×，「EB」＝○とわかります。

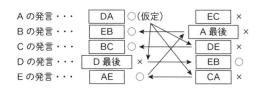

A の発言・・・
B の発言・・・
C の発言・・・
D の発言・・・
E の発言・・・

DA ○(仮定)	EC ×
EB ○	A 最後 ×
BC ○	DE ×
D 最後 ×	EB ○
AE ○	CA ×

　○になった条件から到着した順番を求めると，DAEBC となり，最初に到着したのは D となります。

　よって正答は **4** となります。

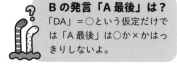

B の発言「A 最後」は？
「DA」＝○という仮定だけでは「A 最後」は○か×かはっきりしないよ。

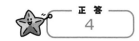

正　答
4

別解

スピード解法

　B と D がともに「EB」と発言しているところに注目します。「EB」＝×と仮定すると「A 最後」＝○，「D 最後」＝○となり，矛盾が生じるので，「EB」＝○だとわかります。この続きは上の解法と同様に考えてみてください。

練 習 問 題 1

16歳～20歳までの年齢の異なる A～E の 5 人が次のように発言し
ているが，その発言の内容がすべてウソであるとき，D の年齢は何歳
か。
A「C は D より年上である」
B「E は D より年下である」
C「A は一番年上である」
D「B は一番年下である」
E「B は A より年上で，その年齢差は 1 歳である」

【H16　大卒警察官】

- -

1　16 歳
2　17 歳
3　18 歳
4　19 歳
5　20 歳

たとえば X，Y，Z の 3 人がいて，

X「私は 1 等です」
Y「私は X より速かった」
Z「私は 1 等ではありません」

の 3 つの発言のうち 1 つをウソと仮定するとき，だれの発言をウソと仮定するのが
ベストでしょうか。

　まず X をウソつきであると仮定しましょう。これでは X の発言からは「X は 2
等か 3 等のいずれか」ということしかわからずスッキリしません。

　Y をウソつきと仮定すると，その発言からは「Y は X より遅い」ことがわかりま
すが，Y の順位まではわかりません。

　ところが，Z をウソつきと仮定すれば「Z は 1 等」であることがはっきりします。

だれをウソつきにする？

Z のように，ウソと仮定することで内容がはっきりする発言を選ぼう。
そうすることで，場合分けが少なくなるよ。

🐬 STEP 1 | 正しい発言に置きかえる

　わかりやすく，A〜Eの年齢をそれぞれ a〜e で表します。たとえば「Aが20歳」は $a = 20$ となります。

　この問題は，「発言の内容がすべてウソ」であるところがポイントです。「発言にウソが含まれる」と「発言の内容がすべてウソ」の違いに注意してください。ここではEの発言に違いが出ます。

　「Eの発言にウソが含まれる」の場合，「BはAより年上」または「年齢差は1歳」の少なくともどちらかが間違っていればウソになりますが，「Eの発言の内容がすべてがウソ」の場合は，「BはAより年上」も「年齢差は1歳」も，ともに間違いとなるのです。

BはAより年上	年齢差が1歳
○	○
○	×
×	○
×	×

「発言にウソが含まれる」（○○, ○×, ×○の3行）　「発言の内容がすべてウソ」（××の行）

　この点に注意して，5人の発言の内容がすべて正しくなるように書き換えます。

A「CはDより年下」　　　$c < d$ …①
B「DはEより年下」　　　$d < e$ …②
C「Aは20歳ではない」
　　　　　　　　　　　　$a \neq 20$　∴ $a = 16,\ 17,\ 18,\ 19$ …③
D「Bは16歳ではない」
　　　　　　　　　　　　$b \neq 16$　∴ $b = 17,\ 18,\ 19,\ 20$ …④
E「BはAより年下」　　　$b < a$ …⑤
　「年齢差は1歳ではない」
　　　　　　　　　　　　$a - b \neq 1$　∴ $a - b = 2,\ 3,\ 4$ …⑥

🐬 STEP 2 | 順序関係をとらえる

　条件を組み合わせて，順序関係のわかるところからはっきりさせます。
　まず，①と②から，
　$c < d < e$ …⑦
がわかります。③〜⑥は，1つ1つはあいまいな条件ですが，すべてを組み合わせることで，はっきりします。

　Aがとりうる最大の年齢は，③より19歳です。Bのとりうる最小の年齢は，④より17歳です。⑥より，AとBには2歳以上の開きが必要ですから，$a = 19$，$b = 17$ のときだけ，⑥の条件を満たすことができます（このとき，$a - b = 2$）。
　あとは，残りの3人を⑦の条件に従って当てはめます。

⑦の条件は c＜d＜e でしたから，あいたところに当てはめると，c＝16，d＝18，e＝20 と決まります。

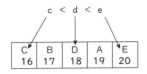

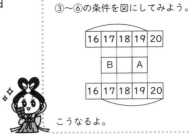

③～⑥の関係
③～⑥の条件を図にしてみよう。

16	17	18	19	20
	B		A	
16	17	18	19	20

こうなるよ。

STEP 3 選択肢を選ぶ

問題は「D の年齢は何歳か」ですから，D の年齢は 18 歳なので，**3** が正答となります。

正答
3

練 習 問 題 2

A〜Cの3人兄弟がいる。兄弟に関する次の記述ア〜オのうち，1つだけが正しく他はすべてウソであるとき，確実にいえるのはどれか。

ア　長男はAである。
イ　長男はBではない。
ウ　次男はAである。
エ　次男はCではない。
オ　三男はCではない。

【H17　特別区】

- -

1　長男はAで，次男はBである。
2　長男はAで，次男はCである。
3　長男はBで，次男はAである。
4　長男はBで，次男はCである。
5　長男はCで，次男はAである。

STEP 1　場合分けをして書き上げる

「5つある記述のうち1つだけが正しく他はすべてウソ」といわれると，たとえば，アだけ正しく他はウソ，イだけ正しく他はウソ，…のように，順に仮定していけばよいだけ，と思うかもしれません。確かにそのとおりなのですが，実際やってみるとかなり冷徹な処理能力が要求されます（試しにやってみてください。一度は試す価値ありです）。本番の緊張の中でそれができるかどうか，自信がない受験生はウソつきに振り回されない作戦を考えましょう。急がば回れ，書きまくってしまうのです！

A〜Cの3人が長男・次男・三男に相当するので，可能性は6通りあります（$_3P_3 = 3 \times 2 \times 1 = 6$ですね）。具体的には，長男・次男・三男の順に，ABC，ACB，BAC，BCA，CAB，CBAとなります。それぞれの場合について，記述ア〜オの正誤を確定していけばよいのです。そして，1つだけ正しく他はすべてウソとなる記述を探せばよいわけですね。

さっそく書き上げてしまいましょう。記述の正誤を判断する際は，ヨコに見るのではなく，タテに見ていったほうが早いですね。「≠（〜でない）」の欄にはタテに×が2つ，「＝（〜である）」の欄にはタテに○が2つずつ記入されることに気づくと，少しは○×の記入が早いかもしれません。

長男・次男・三男	ア 長男＝A	イ 長男≠B	ウ 次男＝A	エ 次男≠C	オ 三男≠C	○の数
A・B・C	○	○	×	○	×	3
A・C・B	○	○	×	×	○	3
B・A・C	×	×	○	○	×	2
B・C・A	×	×	×	×	○	1
C・A・B	×	○	○	○	○	4
C・B・A	×	○	×	○	○	3

着色した「長男B・次男C・三男A」の場合のみ，○が1つとなっています。

STEP 2　選択肢を吟味する

1　**長男はAで，次男はBである。**←誤り。長男はB，次男はCです。
2　**長男はAで，次男はCである。**←誤り。長男はBです。
3　**長男はBで，次男はAである。**←誤り。次男はCです。
4　**長男はBで，次男はCである。**←正しい。
5　**長男はCで，次男はAである。**←誤り。長男はB，次男はCです。

正答
4

A〜Eの5人が一緒に旅行することになり，ある駅で待ち合わせた。駅に到着した順序についてア〜エの発言があったが，発言のうち1つは誤りであった。このとき確実にいえるのはどれか。

ただし，同時に駅に到着した者はいなかった。

ア 「Aは，Dより先でEより後に到着した。」
イ 「Cは，Aより先でDより後に到着した。」
ウ 「Dは，Eより先でBより後に到着した。」
エ 「Eは，Aより先でCより後に到着した。」

【H19 国家一般職 [大卒]】

- -

1 最初に到着したのはEである。
2 2番目に到着したのはDである。
3 3番目に到着したのはAである。
4 4番目に到着したのはCである。
5 最後に到着したのはBである。

STEP 1 場合分けだと難しい

正しいか誤りかの違いだけで「1つだけ」という設定は前問と変わりません。だったら同じやり方で，と思うかもしれませんが，どうでしょう。

今度は5人なので，場合の数が急激に増えるのです。3人なら6通りで済んだのが，5人だと120通りです。前問の解法は現実的ではありません。

初心に戻りましょう。「発言のうち1つは誤り」なので，**形式的に**，アだけ×で他は○，イだけ×で他は○，…のように，順に仮定していく方法です。この方法は，しらみつぶしに120通りを調べるよりは簡単とはいえ，まだまだ混乱しそうです。

こういう場合は，**内容的に**，発言間に矛盾がないかを調べて手間を省きましょう。発言の中に何度も登場してくる人に着目すると，すぐに見つかります。

STEP 2 すべて正しいとして矛盾を探す

ひとまず発言はすべて正しいものとして，前後関係を簡略化して表してみます。「前－後」の順に到着したとしてみます。

ア E － A － D
イ D － C － A
ウ B － D － E
エ C － E － A

すぐに，AとDの順序について，アはA－D，イはD－Aなので，矛盾が生じていることに気づくでしょう。つまり，アとイは一方が正しく，他方は誤りなのです。なお，どちらが正しいかは，この段階では判明しません。

さらに，DとEの順序についても，アはE－D，ウはD－Eなので，矛盾が生じていることもわかるでしょう。つまり，アとウは一方が正しく，他方は誤りなのです。なお，ここでもどちらが正しいかは，判明しません。

以上から，アとイが内容的に矛盾し，アとウにも矛盾があって，しかも「発言のうち誤りは1つ」なのですから，アイウの正誤は，アが誤りでイとウは正しいことになるでしょう。もし，アが正しいとしたら，イとウの2つの発言が誤りになって「発言のうち誤りは1つ」という条件に反します。

 **STEP 3** ## 5人の順番を確定する

アの発言が誤りで，イウエの発言が正しいことがわかったので，これを前提にイとウとエの条件を合体させると，

　　B－D－C－E－A

という順番が確定します（アの発言は「AはDより先で」の部分が誤りで，「(Aは)Eより後に到着した」の部分は正しかったことになるわけです）。

> **エは正しい？**
> エはまったく出てこないけど，アが唯一の誤りと決まったので，エは当然のこととして正しいとわかるんだ。

 **STEP 4** ## 選択肢を吟味する

1　最初に到着したのはEではなく，Bです。誤り。

2　2番目に到着したのはDです。正しい。

3　3番目に到着したのはAではなく，Cです。誤り。

4　4番目に到着したのはCではなく，Eです。誤り。

5　最後に到着したのはBではなく，Aです。誤り。

正　答
2

A～Dの4人はそれぞれ，年齢が異なっており21～24歳である。

4人がそれぞれ他の3人の年齢について次のようなことを言っている。

A 「BはDより年上です」

　「Cは22歳ではありません」

B 「CはDより年上です」

　「Aは24歳ではありません」

C 「AはBより年下です」

　「Dは21歳ではありません」

D 「AはCより年上です」

　「Bは23歳ではありません」

このうち，Dの発言は2つとも正しいが，あとの3人のうち1人は一方だけ正しく，残りの2人は2つともウソである。このとき，確実にいえるのはどれか。

【H14　地方上級】

- -

1　Aは22歳である。

2　Bは22歳である。

3　Dは23歳である。

4　AはDより年下である。

5　CはBより年下である。

STEP 1 　ウソと本当の数を見極める

だれがウソを言っているかの条件は次の3つです。

・Dの発言は2つとも本当

・A～Cのうち1人は1つだけ本当

・A～Cのうち2人は2つともウソ

これをまとめると，下のようになります。

A 「BはDより年上です」

　「Cは22歳ではありません」

B 「CはDより年上です」

　「Aは24歳ではありません」

C 「AはBより年下です」

　「Dは21歳ではありません」

}　6つの中に1つだけ本当

D 「AはCより年上です」

　「Bは23歳ではありません」

}　2つとも本当

Dの発言は2つとも本当ですが，A～Cの6つの発言のうち，本当の発言は1つだけです。

これら6つの発言を下のように2つのグループに分けると，本当は1つしかないので，どちらかのグループはすべてウソとなります。

2つの内容
1人が2つの発言をしている問題では，同じような発言ごとに分けて考えよう。

```
――― グループ1 ―――
A「BはDより年上です」
B「CはDより年上です」
C「AはBより年下です」
```

```
――― グループ2 ―――
A「Cは22歳ではありません」
B「Aは24歳ではありません」
C「Dは21歳ではありません」
```

STEP 2   ウソの発言を探せ！

ここで着目したいことは，グループ2の発言です。これらの発言はすべて「○は●歳ではありません」になっています。この発言をウソとすると「○は●歳です」と年齢が確定し，矛盾の発見がとても楽にできます。

では，調べてみましょう。グループ2のA～Cの発言をすべてウソとすると3つの発言は，

A「Cは22歳です」
B「Aは24歳です」
C「Dは21歳です」

となります。すると，これらの発言からBは23歳となり，Dの発言「Bは23歳ではありません」に矛盾します。したがって，グループ2の3つの発言をすべてウソとした仮定は誤りで，この中には本当が1つ含まれています（どれが本当かは，まだわかりません）。そして，グループ1の発言はすべてウソであることがわかりました。

STEP 3   ウソだとわかれば本当は何かがわかる

グループ1の発言はすべてウソです。ウソだということがはっきりすれば，本当の内容が何かを求めることができます。

グループ1の発言にDの発言も加えて，すべて本当の内容に書き換えます。このとき「年上」，「年下」が混在すると紛らわしいので，すべて「年上」になるようにします。

A「DはBより年上です」 → B＜D …①
B「DはCより年上です」 → C＜D …②
C「AはBより年上です」 → B＜A …③
D「AはCより年上です」 → C＜A …④

したがって，4人の順序は，

であることが，はっきりしました。

さて，ここでグループ2の発言を思い出しましょう。これら3つの中に本当の発言が1つ含まれていましたね。

今，4人の年齢ではっきりしていることは，B，Cは21または22歳，A，Dは23または24歳です。すると，グループ2の発言のうち，明らかに正しいものは，

C「Dは21歳ではありません」

になります。したがって，グループ2のA，Bの発言はウソですから，正しくは，

A「Cは22歳です」

B「Aは24歳です」

したがって，4人の年齢は下の表のようになります。

A	B	C	D
24	21	22	23

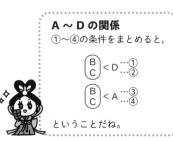

A 〜 D の関係
①〜④の条件をまとめると，

ということだね。

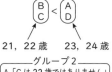

正直者がわかる
4人の年齢は次のようになっていますから，Cの発言は明らかに正しいことがわかるよ。

21，22歳　　23，24歳

グループ2
A「Cは22歳ではありません」
B「Aは24歳ではありません」
C「Dは21歳ではありません」

STEP4 選択肢を吟味する

1 Aは22歳である。← 24歳です。
2 Bは22歳である。← 21歳です。
3 Dは23歳である。←正しい。
4 AはDより年下である。← A24 > D23です。
5 CはBより年下である。← C22 > B21です。

この中で確実にいえることは「Dは23歳である」の**3**となります。

正答
3

19 順序を融合させる問題
～順序は譲れない！～

判断推理では，様々な分野が混在して分野の分類ができない問題も多く存在します。その中でも今回は順序関係を融合させた問題を取り扱います。順序の要素は問題を解くカギになっているので，優先して処理するとよいでしょう。

例　題

ある学校の運動会で，赤組，白組，青組，黄組の４組に分かれてリレーを行った。Ａ～Ｄの４人はいずれかの組の最終走者として走り，全員がバトンを受けてからゴールインするまでに，次の順で順位に変化が生じた。
- ・まずＡが黄組の走者を抜いた。
- ・次にＢが続けて２人を抜いたが，２人目は白組の走者であった。
- ・最後にＣが青組の走者を抜いて３位になった。
- ・これ以外に順位の変化はなかった。

このとき確実にいえるものは，次のうちどれか。

【H11　地方上級】

- 1　Ａは白組である。
- 2　Ｃは赤組である。
- 3　Ｄは青組である。
- 4　赤組が１位でゴールインした。
- 5　黄組が２位でゴールインした。

STEP 1　条件を整理する

　Ａ～Ｄのだれが何組なのか，何位でゴールしたのかを問題文から読み取らなくてはなりません。

　やはり図を使うと，わかりやすくなります。まず，問題文の条件から確実にいえることを挙げてみましょう。

・「まずＡが黄組の走者を抜いた」
　→「Ａは赤組，白組，青組のどれかである」

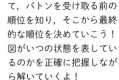

> **１つ１つ**
> 条件から時間をさかのぼって，バトンを受け取る前の順位を知り，そこから最終的な順位を決めていこう！図がいつの状態を表しているのかを正確に把握しながら解いていくよ！

・「次に B が続けて 2 人を抜いたが，2 人目は白組の走者であった」

  →「B は赤組，青組，黄組のどれかである。また B の前に少なくとも 2 人の走者がいた」

・「最後に C が青組の走者を抜いて 3 位になった」

  →「C は白組，赤組，黄組のどれかで，青組は C に抜かれて 4 位になった」

これらの中で，順位が確実にわかっているものは，「C が青組の走者を抜いて 3 位になった」と「青組は C に抜かれて 4 位になった」ということです。これらを図に書き込んだのが，次の図 1 です。

図1

1位	2位	3位	4位
			青
		C	

図 1 は，最後に C が抜いた後の状態です。C が抜く前は，下の図 2 のとおりだったと考えられます。そして，これは，「B が続けて 2 人を抜いたが，2 人目は白組の走者であった」の後の状態を表しています。

図2

1位	2位	3位	4位
		青	
			C

STEP 2 条件を図に表してみる

ここで，B は 2 人を抜いたのだから，1 位か 2 位になっているはずです。しかし，2 位とすると，「C →青組」の順に抜いたことになって条件「2 人目は白組の走者」に反します。したがって B は 2 人を抜いた後で 1 位になったことが確定し，図 3 の状態とわかります。

図3

1位	2位	3位	4位
	白	青	
B			C

では，Bが2人を抜く前は，どうなっていたでしょうか。図3から考えると，図4のようだったとわかります。

図4

	1位	2位	3位	4位
	白	青		
			B	C

そして図4は，「まずAが黄組の走者を抜いた」後の状態です。また，Aは1位か2位に，黄組は3位か4位なので，Aは2位の黄組の走者を抜いて2位になった，とわかります。それを書き加えると，図5のようになります。

図5

	1位	2位	3位	4位
	白	青	黄	
		A	B	C

図5の空いているところは，自動的に何が入るかわかりますから，A〜Dがバトンを受ける前の順位は，図6のとおりだったといえます。

図6

	1位	2位	3位	4位
START	白	黄	青	赤
	D	B	A	C

では，この図6と問題文の条件をもとに，最終的な順位を特定しましょう。それを表したのが図7です。

図7

	1位	2位	3位	4位
GOAL	黄	白	赤	青
	B	D	C	A

途中でやめてよいです

この問題では，図6がわかれば正答が**2**とわかるので，図7まで進まずに答えを出してもいいよ。**1〜3**が誤りならば**4**と**5**の正誤を判断するためそのとき図7が必要になるよ。

STEP 3 | 選択肢を吟味する

1 Aは白組である。→青組なので誤り。
2 Cは赤組である。→正しい。
3 Dは青組である。→白組なので誤り。
4 赤組が1位でゴールインした。→3位なので誤り。
5 黄組が2位でゴールインした。→1位なので誤り。
したがって，正答は2です。

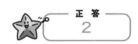

正 答
2

練 習 問 題 1

ある動物病院で，受付に向かって A～E の 5 人が縦一列に並んでいた。
5 人は赤，青，黒，白，茶のいずれかの色の服を着て，犬，猫，ウサ
ギ，ハムスター，カメのいずれかの動物を連れていた。5 人の並び順，
服の色，連れていた動物について，A～E がそれぞれ次のように発言
しているとき，確実にいえることとして最も妥当なのはどれか。
なお，同じ色の服を着ていた者，同じ動物を連れていた者はいずれも
いなかったものとし，受付には A～E のみが並んでいたものとする。

A：私のすぐ前に並んでいた人は犬を，すぐ後ろに並んでいた人は
猫を連れていた。

B：私は一番前に並んでいた。私のすぐ後ろに並んでいた人は白い
服を着ていた。

C：一番後ろに並んでいた人は赤い服を着ていた。私は黒い服を着
ていた。

D：私のすぐ前に並んでいた人は青い服を着ていた。私はカメを連
れていた。

E：私は一番後ろではなかった。

【R4 国家一般職】

- -

1 A はハムスターを連れており，すぐ後ろには C が並んでいた。

2 B は青い服を着ており，犬を連れていた。

3 C は前から三番目に並んでおり，猫を連れていた。

4 D のすぐ前には E が並んでおり，E はウサギを連れていた。

5 E は茶色の服を着ており，E の 2 人前には A が並んでいた。

🐬 STEP 1 問題を分析する

この問題では人に対して服の色と動物が対応しており，順序関係の要素も含まれ
るので，「対応関係＋順序関係」の融合問題と言えるでしょう。対応表では順序を
表すのに適さないので，順序関係のように順番を重視してまとめていきます。次の
ような表を埋めていきましょう。

	1	2	3	4	5
人					
色					
動物					

「人」「色」「動物」
の 3 集合の対応に
順序の要素も加わ
ったんだね。

さらに A ～ E の発言をもとにバラバラの表を作ってみましょう。

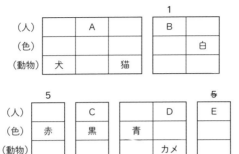

（人）		B	
（色）			白
（動物）	犬	猫	

1

（人）	5		C		D	E
（色）	赤		黒		青	
（動物）					カメ	

5　　　5̶

STEP 2　確定している箇所からあてはめていく

まずは，B と C の条件のうち，順番の確定しているものからあてはめてみます。

	1	2	3	4	5
人	B				
色		白			赤
動物					

次に 5 番目に並んでいるのは誰かを考えます。後ろに人がいる A や B ではなく，赤の服を着ているので C でもなく，E の発言より E でもないので，消去法で D と判断できます。これより，バラバラの表から 4 番目は青，D はカメだとわかり，C の発言で作った表が入るのは 3 番目だけなので，次のような表になります。

> 消去法で確定させるのは，難しいけど，普段の学習から意識をしていたらできるようになるよ。

	1	2	3	4	5
人	B		C		D
色		白	黒	青	赤
動物					カメ

A の発言は表の空欄■■■■■にしか入らないので，A が入るのは 2 番目となり，E は残りの 4 番目となります。服の色は 1 番目の人が残りの茶となり，2 番目と 4 番目の動物はこれ以上は確定しません。

	1	2	3	4	5
人	B	A	C	E	D
色	茶	白	黒	青	赤
動物	犬	ウサギ or ハムスター	猫	ウサギ or ハムスター	カメ

STEP 3 選択肢を吟味する

1 A はハムスターを連れているかどうかわかりません。

2 B は茶色の服です。

3 正しい。

4 E はウサギを連れているかどうかわかりません。

5 E は青い服です。

よって，正答は**3**となります。

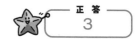

正 答
3

練習問題 2

霞寮には，図のように 1 ～ 5 号室の五つの部屋があり，各部屋に 1 人ずつ寮生が住んでいる。寮生は，午後 10 時以前に帰寮する場合には玄関を利用するが，玄関が施錠される午後 10 時以降に帰寮する場合には裏口を利用する規則になっている。

ある朝，寮の管理人と 5 人の寮生 A ～ E がそれぞれ前夜の自分たちの行動について，次のような証言をした。寮生 A の部屋は何号室か。

ただし，5 人とも玄関または裏口から入った後は自室へ直行し，その後翌朝まで部屋を出ることはなく，管理人は管理人室から出なかった。また，寮生以外の者が寮内に入ることもなかった。

霞寮間取図

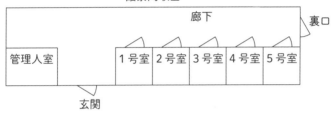

管理人：私は管理人室で宿直をしていた。玄関を通った寮生は 3 人だった。

寮生 A：私は裏口から入った。

寮生 B：私が部屋に帰った後，私の部屋の前を通り過ぎたのは 2 人だけで，1 人は午後 9 時，もう 1 人は午後 11 時だった。

寮生 C：私が部屋に帰ったのは午後 10 時半だった。

寮生 D：私はだれの部屋の前も通り過ぎることなく自室に入った。

寮生 E：私が部屋に帰った時，一方の隣室の人はすでに帰っていたが，他方の隣室の人はまだ帰っていなかった。

【H15　国家一般職［大卒］】

- -

1　1 号室
2　2 号室
3　3 号室
4　4 号室
5　5 号室

STEP 1　条件を整理する

　まず，Eの部屋は，両隣にはだれかが住んでいるので，2〜4号室のいずれかです。ここはすぐにわかるでしょう。あとは発言をしっかり読んで分析していくしかありません。午後10時が境界線となっていることに注意を払ってください。

　寮生の発言と帰寮時間から考えると，玄関から帰ってきたと確実にいえるのはBのみで，裏口から帰ってきたのはAとCの2人。DとEがどちらから帰寮したのかはっきりしないものの，管理人の発言（玄関を通ったのは3人）から，この2人は玄関から帰ってきたことがわかります。まとめておきましょう。

玄関から	裏口から
B・D・E	A・C

STEP 2　各人の部屋を確定する

　いよいよ，各人の部屋を決めていくことにします。

　まずDはその発言から，玄関から入ってだれの部屋の前も通り過ぎることなく自室に入れたので，1号室しかありえません。

> **忘れないようにメモ**
> Eは2〜4号室のいずれかだったね。はじめに気づいたことを忘れないようにメモしておこう。

1号室	2号室	3号室	4号室	5号室
D				

　次にBの発言を検討しましょう。Dはだれの部屋の前も通り過ぎていないので，Bの発言に出てくる2人には該当しません。では，この2人はだれなのでしょうか？　午後9時にBの部屋の前を通った人は玄関から帰寮しているので，2人のうち1人はEであることは明らかです。ですから，EはBより右側のどこかの部屋に住んでいることになります。しかも，Eは5号室ではないのでしたね！

　さらに，Bの部屋の前を通った2人のうち2人目は裏口から帰寮したのですから，Bの部屋の前を「右から左へ」通るはずなので，Bの2号室もありえません。

　Bは2号室でなく，Eは5号室でない。それでいてBの右にEとなるためには，Bは3号室・Eは4号室しかないです。

1号室	2号室	3号室	4号室	5号室
D		B	E	

　最後に，裏口から帰寮したA・Cの住んでいる部屋を決めましょう。Bの部屋の前を通った2人のうち2人目の帰寮時刻は午後11時なので，それは「午後10時半に帰った」と発言したCではないことになります。このことからCは5号室，

最後に残ったAが2号室に住んでいること
がわかります。結局、Bの部屋の前を通った
のはE（9時）とA（11時）の2人であっ
たことが判明しました。

必ず確認しましょう
部屋と帰寮時刻が判明した
ら，実際に学生の動きを確
認して，問題文の条件に合
致しているか確かめよう。

1号室	2号室	3号室	4号室	5号室
D	A	B	E	C
10時前	11時	9時前	9時	10時半

したがって、Aは2号室に住んでいるので、正答は**2**となります。

231

20 数量を融合させる問題

～合計数はいくつ？～

　ここでは対応関係や論理のような数字の要素が少ない分野に数の要素が加わった問題を取り扱います。数の処理が中心となるので，合計数に着目したり，数から読み取れることを求めたりしなければいけません。ただ，表でまとめたり図で表したりする基本的な解法は変わらないので，今までの解法を思い出しながら解くとよいでしょう。

例　題

　A～Dの4名がゲームをしており，ゲームが1回終了するごとに1位から4位までの順位がつく。同順位が生ずることはなく，1位が40点，2位が30点，3位が20点，4位が10点を得て，すべてのゲームが終了したときの合計点を競う。

　今，このゲームを6回行うこととし，4回終了した時点では，Aが130点，Bが100点，Cが90点，Dが80点であったが，6回終了した時点ではBが180点で単独のトップとなり，また，残り3名のうち，2名は同得点であった。以上の条件から，最後の2回について，確実にいえるのは次のうちどれか。

【H17　国家一般職［大卒］】

- **1**　Aは，2回とも3位になった。
- **2**　Aは，1回も3位にならなかった。
- **3**　Cは，1回も3位にならなかった。
- **4**　Dは，少なくとも1回は4位になった。
- **5**　Dは，2回とも2位になった。

　対応表をつくるとわかるのですが，この問題は対応表のヨコの合計から逆算することがポイントとなります。

🐬 STEP 1 ┃ 対応表をつくる

　対応表には，まず各人の合計得点が入りますから，次のような表がスタートとなります。

> **どうするの？**
> 合計数に矛盾しないように対応表の空欄の数字を考えていけばOK！

	1〜4回	5回	6回	合計得点
A	130			
B	100			180
C	90			
D	80			

STEP 2 対応表の空欄をうめる推理をする

　条件より，最終的にBが単独トップなのでA，C，Dの得点は180点よりも低いことは確実です。また，Bがトップということから，5，6回はBが1位で40点ずつ得たとわかります。残りの条件は，A，C，Dのうち2人の点数が同じになったということです。そのようになる場合を考えます。

　A，C，D3人の得点の合計は1回で30 + 20 + 10 = 60点です。5回と6回の3人の得点の合計は120点です。

　120点を3人で分け合うのですが，5回と6回で各人は最低でも20点ずつは得点しますので，

　　　A：130 + 20 = 150点
　　　C：　90 + 20 = 110点
　　　D：　80 + 20 = 100点

これ以上の得点があります。

　120点のうち，20点×3 = 60点を加えましたので，残りは120 − 60 = 60点です。この60点を2名が同得点になるように配分します。すると，次のような表になります。

場合分け？
合計数に矛盾が見つかるまでは場合分けも必要！すべての可能性を考えながら場合分けをしよう。

a
	1〜4回	5回	6回	合計得点
A	130	10	10	150
B	100	40	40	180
C	90	30	30	150
D	80	20	20	120

b
	1〜4回	5回	6回	合計得点
A	130	10	20	160
B	100	40	40	180
C	90	30	10	130
D	80	20	30	130

c

	1～4回	5回	6回	合計得点
A	130	20	10	160
B	100	40	40	180
C	90	10	30	130
D	80	30	20	130

以上の３つの場合が考えられます。３つのうち，ｂとｃは，５回と６回が入れ替わったものです。

STEP3　対応表をもとに選択肢を検証する

最後の２回，つまり５，６回に確実にいえることを選びます。

1は，Ａが２回とも３位になることはありえないので，誤りです。

2は，ｂの６回で，ｃの５回でＡが３位になっていますから誤りです。

3については，確実にいえますが，ほかの選択肢も見てみましょう。

4は，Ｄは一度も４位になっていませんから誤り。

5は，Ｄが２位になったのは１度だけですから誤りです。

よって正答は**3**です。

正答
3

練 習 問 題 1

ある学校の生徒を対象に，スマートウォッチ，パソコン，AI スピーカー，携帯電話の 4 機器についての所有状況を調査した。次のことがわかっているとき，パソコンを所有しているがスマートウォッチを所有していない生徒の人数として最も妥当なのはどれか。

○　スマートウォッチと AI スピーカーのどちらか 1 機器または両方の機器を所有している生徒は，必ずパソコンを所有している。
○　パソコンを所有している生徒は必ず携帯電話を所有している。
○　1 機器のみを所有している生徒の人数と，2 機器のみを所有している生徒の人数と，3 機器のみを所有している生徒の人数と，4 機器すべてを所有している生徒の人数は，すべて同じであった。
○　携帯電話を所有している生徒は 100 人であった。
○　携帯電話を所有していない生徒は 10 人で，AI スピーカーを所有していない生徒は 80 人であった。

【R4　国家専門職】

- -

1　15 人
2　20 人
3　25 人
4　30 人
5　35 人

STEP 1　問題を分析する

　この問題は，1 つ目と 2 つ目の条件が「論理」の問題で，3 つ目以下の条件が「数量」の条件なので「論理＋数量」の融合問題になります。まず，論理を表でまとめていきます。

　1 つ目の条件を所有を○，所有していないを×として表で表すと次のようになります。

スマートウォッチ	AI スピーカー	パソコン
○	○	○
	×	○
×	○	○
	×	○
		×

論理の条件なので，ベン図で考えても OK だよ。

次に，2つ目の条件を加えると次のようになります。さらに，それぞれの場合に
a～fの記号をわりあてます。

スマートウォッチ	AI スピーカー	パソコン	携帯電話	
○	○	○	○	…a
	×	○	○	…b
×	○	○	○	…c
	×	○	○	…d
		×	○	…e
			×	…f

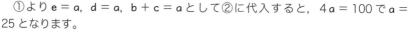

STEP 2　人数に関する条件を式にする

3～5つ目の条件を式で表すと次のようになります。

3つ目：e＝d＝b＋c＝a　…①
4つ目：a＋b＋c＋d＋e＝100　…②
5つ目：f＝10　…③
　　　　b＋d＋e＋f＝80　…④
　③と④より，b＋d＋e＝70　…⑤

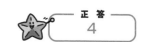
ここから先はテーマ15の解き方と同じだよ。

　①よりe＝a，d＝a，b＋c＝aとして②に代入すると，4a＝100でa＝
25となります。
　また，d＝25，e＝25を⑤に代入すると，b＝20となり，c＝5となります。
　以上より，パソコンを所有しているがスマートウォッチを所有していない生徒で
あるc＋dは30となります。
　よって，正答は4となります。

正　答
4

236

練習問題 2

A〜Eは，それぞれ商品を売っており，5人の間で商品を売買した。全員が2人以上の者に商品を売り，同じ人から2品以上買う人はいなかった。また，5人とも，売った金額も買った金額も500円であり，収支はゼロだった。次のア〜キのことがわかっているとき，確実にいえるのはどれか。ただし，商品の価格はすべて100円単位で端数がないものとする。

ア　Cは，AとEそれぞれに100円の商品を売った。
イ　Bは，Dに200円の商品を売った。
ウ　Bが商品を売った相手は，2人だった。
エ　Eは，Bに100円の商品を売った。
オ　Dは，Aから300円の商品を買った。
カ　Dは，他の全員に商品を売った。
キ　400円の商品と100円の商品の2品だけを売った人は，1人だけだった。

【R4　特別区】

- -

1　Bは，Aに商品を売らなかった。
2　Cは，Bに200円の商品を売った。
3　Dは，Aに100円の商品を売った。
4　Dは，Eに100円の商品を売った。
5　Eは，Cに商品を売らなかった。

STEP 1 問題を分析する

　この問題はやりとりの対応表に数量の条件が加わった「やりとりの対応＋数量」の融合問題になります。やりとりに関する条件なので，「6　対応関係の問題③」で学習した表を利用して条件をまとめていきましょう。

「やりとり」は表で解くんだったよね。テーマ6をもう一度チェックしよう。

条件ア～カをまとめると次のような表になります。

(単位：円)

		買う						売った人数
		A	B	C	D	E	合計	
売る	A				300		500	
	B				200		500	2人
	C	100				100	500	
	D						500	4人
	E		100				500	
	合計	500	500	500	500	500	2500	

　表から D が買った 500 円は A と B からで決定なので C と E の欄は 0 円になります。これより，C が売った残りの 300 円分は B が相手と決まります。また，D は 4 人に売っているので 100 円が 3 人，200 円が 1 人になります。D は誰かに 200 円分売っていますが，B の買った合計金額より，D は B には 200 円の商品を売っていないことがわかります。つまり D は B には 100 円の商品を売ったことになります。

(単位：円)

		買う						売った人数
		A	B	C	D	E	合計	
売る	A		0		300		500	
	B				200		500	2人
	C	100	300		0	100	500	
	D		100				500	4人
	E		100		0		500	
	合計	500	500	500	500	500	2500	

　条件キにあてはまる 400 円と 100 円の商品を売ったのは表から E だとわかります。このとき，E は A に 400 円の商品を売ると A の合計購入金額が 500 円になってしまうので，D が 4 人に売ったという条件に反します。よって，E は C に 400 円の商品を売ったことになります。

（単位：円）

売る		買う						売った人数
		A	B	C	D	E	合計	
	A		0		300		500	
	B				200		500	2人
	C	100	300		0	100	500	
	D		100				500	4人
	E	0	100	400	0		500	
	合計	500	500	500	500	500	2500	

　これより C が買った残り 100 円分は D の商品だとわかり，A が売った合計金額より A は E に 200 円の商品を売ったことになります。B は 2 人に売っているので，A か E のどちらかに 300 円の商品を売っていることになりますが，E に 300 円の商品を売ると，E が買った金額が 600 円以上になるので条件に反します。よって B が 300 円の商品を売ったのは A となり，次のような表になります。

（単位：円）

売る		買う						売った人数
		A	B	C	D	E	合計	
	A		0	0	300	200	500	
	B	300		0	200	0	500	2人
	C	100	300		0	100	500	
	D	100	100	100		200	500	4人
	E	0	100	400	0		500	
	合計	500	500	500	500	500	2500	

STEP 3　選択肢を吟味する

1　B は A に 300 円の商品を売っているので誤り。
2　C は B に 300 円の商品を売っているので誤り。
3　正しい。
4　D は E に 200 円の商品を売っているので誤り。
5　E は C に 400 円の商品を売っているので誤り。
　正答は **3** だとわかります。

正答
3

図のような 6 室から成るアパートがあり，2018 年 6 月の時点で A ～F の 6 人がいずれかの部屋に 1 人ずつ入居している。このアパートでは共用部分の管理のため，毎月 1 日にその月の当番を 1 人割り当てている。割当ての順番は，1 ～ 6 号室の順であり，6 号室の次は 1 号室に戻る。次のことがわかっているとき，2018 年 6 月の当番は誰か。

ただし，当番を割り当てる際に，その部屋に住人が入居していない場合には，次の番号の部屋の住人に当番を割り当てることとする。また，このアパートでは，2018 年に退居した住人や入居する部屋を移った住人はいないものとする。

左	1号室	2号室	3号室	4号室	5号室	6号室	右

○ A の両隣の部屋の住人および E は，2017 年から入居している。
○ B の右隣の部屋の住人は，2018 年 3 月中旬から入居している。
○ C の右隣の部屋の住人は A であり，また，C の左隣の部屋の住人は E である。
○ D は 2018 年のある月に入居したが，その月の当番は，2 号室の住人であった。
○ F の左隣の部屋の住人は，2018 年 4 月中旬から入居している。
○ 2018 年に新たに入居したのは 2 人だった。

【H30 国家一般職】

1　A
2　B
3　C
4　D
5　E

STEP 1　問題を分析する

位置関係の条件に入居の時期の要素が加わった「位置関係＋順序」の問題です。位置関係だけではなく入居時期も同時に処理をしないといけないので 2 段の表にするとわかりやすいです。また，この問題は位置関係と入居の時期に加え当番の割り当ても考えなければいけません。ただ，当番の割り当ては入居の時期が決まってからでないと判断できないので，まずは位置関係と

位置関係の問題に数字が出てくるのは頻出だよ！

入居の時期を先にまとめることを考えましょう。

STEP 2 条件からわかることをバラバラの表にまとめる

条件を表にします。上段が入居時期で下段が人物が入居した部屋の位置関係とします。

1つ目＋3つ目…①

2017 年	2017 年		2017 年
E	C	A	

2つ目…②

	2018 年 3 月
B	

4つ目…③

2018 年
D

5つ目…④

2018 年 4 月	
	F

STEP 3 場合分けをして考える

大きなかたまりである①を軸にして，②をどう組み合わせるかを考えて場合分けをしてみましょう。

Aの右がBのとき

2017 年	2017 年		2017 年	2018 年 3 月
E	C	A	B	

④が入るところがないので正しくありません。

Aの右2つ目がBのとき

2017 年	2017 年		2017 年		2018 年 3 月
E	C	A		B	

FはBの右隣と左隣が考えられますが，右隣の場合は③が入らないので，左隣となります。このときDは残っているBの右隣となります。これより 2018 年に入居したのはAとDになるので，6つ目の条件よりBは 2017 年に入居していたことになります。

2017 年	2017 年	2018 年 4 月	2017 年	2017 年	2018 年 3 月
E	C	A	F	B	D

このとき，4番目の条件よりDが入居した3月の当番はCとなり，4月は4月中旬に入居したAを飛ばしてF，5月はB，6月はDとなります。

Eの左2つ目がBのとき

	2018年3月	2017年	2017年		2017年
B		E	C	A	

　DがBの右隣となり，FはAの右隣となります。これより2018年に入居したのはAとDになるので6つ目の条件よりBは2017年に入居していたことになります。

2017年	2018年3月	2017年	2017年	2018年4月	2017年
B	D	E	C	A	F

　この場合，Dは2018年3月中旬に入居してきているので，4番目の条件である「当番は，2号室の住人」の条件に反します。よって誤りです。

　以上より **Aの右2つ目がBのとき**のときのみ条件にあてはまります。
　よって，正答は**4**となります。

正　答
4

第 **7** 章

平面は数量に注目しよう！

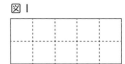　

21 分割と構成の問題
～同じ形がたくさん～

　ここでは，ある図形を合同な図形に分けたり，図形を組み合わせて別の図形をつくったり，図形を折ったり切ったりする問題を扱います。正方形，長方形が基本の図形になります。これらの四角形の性質も確認しておきましょう。

例 題

　図Ⅰのような2×5の長方形を，図Ⅱにある2×1の長方形，2×2の正方形で透き間なく敷き詰めたい。図Ⅱの長方形，正方形は重ねてはいけないものとし，また2×2の正方形は使わなくてもよいものとすると，敷き詰め方は全部で何通りあるか。

図Ⅰ　　　　　　　　　　　　　　図Ⅱ

【H17　大卒警察官】

- **1** 13通り
- **2** 15通り
- **3** 17通り
- **4** 19通り
- **5** 21通り

 STEP 1 敷き詰め方の場合分けをする

　まず，2×1の長方形を5枚使います。

　続いて2×1の長方形を4枚使う場合を考えたいところですが，この場合は敷き詰めることはできません。

　そこで，次は2×1の長方形を3枚使う場合を考えます。このとき2×2の正方形は1枚使います。このようにして考えていきましょう。

STEP2 実際に敷き詰めてみる

STEP1で考えた場合分けにしたがって，敷き詰めていってみましょう。

①2×1の長方形が5枚

縦に4枚→縦に3枚→縦に2枚（実際はありえません）→縦に1枚の順番に分けて考えてみましょう。

6畳とか4畳半とか
長方形といえば，畳！
畳は縦横いろいろな並べ方ができるよね。

8通り

②2×1の長方形が3枚＋2×2の正方形が1枚

2×1の長方形の並べ方は，「縦3枚」，「縦1枚と横2枚」があります。
縦3枚の場合は，

4通り

縦1枚と横2枚の場合は，

6通り

③2×1の長方形が1枚＋2×2の正方形が2枚

3通り

全部で8＋4＋6＋3＝21通りです。

正答
5

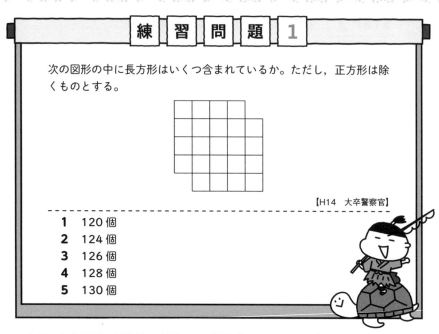

1　120 個
2　124 個
3　126 個
4　128 個
5　130 個

与えられた図形の対称性を利用して，場合分けをしながら数えてみましょう。

🐬 STEP 1　大きさ別に場合分けして考える

　与えられた図形に下のように段数をつけて，まずは横長の長方形を考えていきましょう。

　一番小さい長方形から考えて，縦に1枚の長方形ですから横に2～5枚，次に縦に2枚（横に3～5枚），3枚（横に4，5枚）と場合分けして数えてみます。

> **★の説明**
> 1段目と5段目に
> ▭が各3個あると
> いうことです。具体
> 的には
>
> の計3個になるよ。

	1 段目
	2 段目
	3 段目
	4 段目
	5 段目

・縦に1枚

　1×2 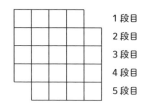　　　1，5段目：各3個 ……★
　　　　　　　　　　　　2，3，4段目：各4個

合計 18 個

246

1 × 3　$\begin{array}{|c|c|c|}\hline & & \\\hline\end{array}$　　1，5段目：各2個
　　　　　　　　　2，3，4段目：各3個
　　　　　　　　　　　　　　　　合計13個

1 × 4　$\begin{array}{|c|c|c|c|}\hline & & & \\\hline\end{array}$　　1，5段目：各1個
　　　　　　　　　2，3，4段目：各2個
　　　　　　　　　　　　　　　　合計8個

1 × 5　$\begin{array}{|c|c|c|c|c|}\hline & & & & \\\hline\end{array}$　2，3，4段目：各1個
　　　　　　　　　　　　　　　　合計3個

・縦に2枚

2 × 3　　　　　　1，2段目と4，5段目：各2個
　　　　　　　　　2，3段目と3，4段目：各3個
　　　　　　　　　　　　　　　　合計10個

2 × 4　　　　　　1，2段目と4，5段目：各1個
　　　　　　　　　2，3段目と3，4段目：各2個
　　　　　　　　　　　　　　　　合計6個

2 × 5　　　　　　2，3段目と3，4段目：各1個
　　　　　　　　　　　　　　　　合計2個

・縦に3枚

3 × 4　　　　　　1，2，3段目と3，4，5段目：各1個
　　　　　　　　　2，3，4段目：2個
　　　　　　　　　　　　　　　　合計4個

3 × 5　　　　　　2，3，4段目：1個
　　　　　　　　　　　　　　　　合計1個

合計をすべて加えると，18 + 13 + 8 + 3 + 10 + 6 + 2 + 4 + 1 = 65個です。

STEP 2　与えられた図形からいえること

　縦長の長方形について考えましょう。
　与えられた図形の対称性を考えると，STEP
1で考えた長方形を90度回転させたもの
（$\square$ に対して $\square$ ）が同じ個数あるといえます。
　　65 × 2 = 130
　したがって，正答は**5**です。

図形の対称性
とりあえず，横に考えた
ものは縦にも考えよう！
逆に，縦に考えたものは
横にも考えよう！

正　答
5

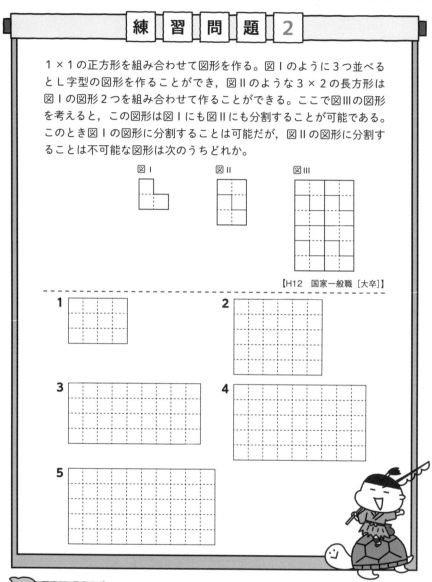

1×1の正方形を組み合わせて図形を作る。図Ⅰのように3つ並べると L 字型の図形を作ることができ，図Ⅱのような3×2の長方形は図Ⅰの図形2つを組み合わせて作ることができる。ここで図Ⅲの図形を考えると，この図形は図Ⅰにも図Ⅱにも分割することが可能である。このとき図Ⅰの図形に分割することは可能だが，図Ⅱの図形に分割することは不可能な図形は次のうちどれか。

図Ⅰ　　　　　図Ⅱ　　　　　図Ⅲ

【H12　国家一般職［大卒］】

1　　　　　　　　　　　2

3　　　　　　　　　　　4

5

🐬 STEP 1 　図Ⅰと図Ⅱの違いを把握する

　図Ⅰは正方形が3個，図Ⅱは6個です。つまり，図Ⅰは正方形が3の倍数個ある四角形ならば，分割できるということができます。同様に，図Ⅱは6の倍数個ある四角形ならば，分割できるということになります。つまり，選択肢 1～5 の中から，正方形の数が3の倍数であって，6の倍数でないものを探せばよいとわかります。

 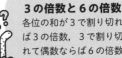

STEP 2 | 選択肢を検証する

選択肢の図形の正方形の数は，それぞれ

1：12 個←３の倍数であり６の倍数

2：30 個←３の倍数であり６の倍数

3：36 個←３の倍数であり６の倍数

4：45 個←３の倍数だが６の倍数ではない

5：50 個←３の倍数でもなく６の倍数でもない

３の倍数と６の倍数
各位の和が３で割り切れば３の倍数，３で割り切れて偶数ならば６の倍数だね。

この中で，図Ⅰで分割可能で，図Ⅱでは分割不可能な選択肢は **4** だとわかります。

正 答
4

図形に向かう前に

図形に向かわなくても今回のように数量に着目して解ける問題もあるよ。図形に向かう前に，数量が使えないか考えてみよう。

別解

実際に分割してみよう

実際に分割してみても答えを得ることはできます。

1，**2**，**3** は次のように図Ⅰと図Ⅱの両方で分割することができます。

 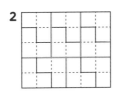 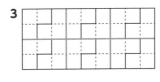

次に **4** ですが，図Ⅰで分割すると次のように分割できますね。

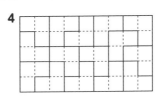

さらに，**4**を図Ⅱで分割しようとすると，次のようになります。

　図Ⅰでは分割できましたが，図Ⅱでは分割できないことがわかります。また，**5**は図Ⅰ，Ⅱともに分割できません。

　図Ⅰで分割できるが，図Ⅱでは分割することができないものを選べばよいので，正答は**4**です。

練習問題 3

ある正方形から，小さい正方形を1つ切り取った残りの部分を4つの合同な多角形に切り分けて組み合わせると，正方形を作ることができる。この多角形として，妥当なものは次のうちどれか。

【H14 大卒警察官】

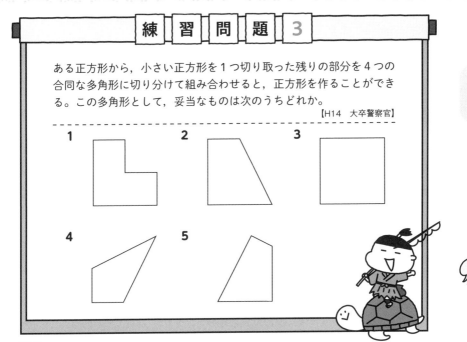

1　2　3

4　5

STEP 1　正方形を切り取る

　今度は正方形を分割する問題です。ある正方形から小さい正方形を切り取るのですが，いろいろな切り取り方がありますね。場合分けをするにしても大変そうです。

　では，逆に考えてみましょう。つまり「切り取った残りの部分を4つの合同な多角形に切り分けて組み合わせると正方形になる」のですから，正方形を4つに分割して，選択肢にある図形ができるかどうかを試してみましょう。

STEP 2　正方形を構成する原則から考える

　4つに分割するときは，それらが正方形の直角（90°）以外に，もう1つ直角を持っていなければいけません。その理由は，分割後の合同な4つの図形で別な正方形をつくるためです（次の図 a 参照）。そのことを考えながら，正方形の中心で直角に交わる2直線を引き，次のように4つに分けてみます。

図a

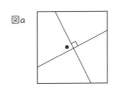

4つの四角形を，正方形の角以外の直角の角が，新たな正方形の角になるように移動させます。すると次のようになります。

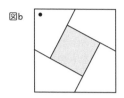

図b

この図から，大きな正方形の中央から小さな正方形を切り取り，合同な図形に4分割したことがわかります。この分割された図形は**5**に該当します。正答は**5**です。

STEP3 消去法で正答をさがす

STEP1の解法を見つけることができなかった場合は，選択肢を1つずつ検証してみる方法もあります。**5**以外が該当しないことと，選択肢を1つずつ検証してみる方法を確認してみましょう。

もし，答えに該当するならば，図 *a* のように正方形を作ることができるはずです。確認するためには，**1**〜**4**の図形でも正方形を作ってみればわかりますね。
1の図形を4つ使い四角形にすると次のようになります。

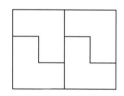

正方形にはならなさそうですね。該当しません。
2はどうでしょうか。これも正方形にならなそうですね。もし正方形を作ることができても，図 b のように小さな正方形を作ることはできません。

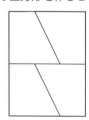

3は，4つ使って正方形にすることはできますが，小さい正方形をはめ込むことはできないので該当しません。

4はそもそも四角形を作ることができません。
以上のことからも**5**が正答だということがわかりました。

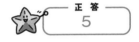

正 答
5

下図のように，正方形の紙を点線を谷にして矢印の方向に折り畳み，出来上がった三角形の黒い部分を切り取ったとき，残った紙を広げた形として，正しいのはどれか。

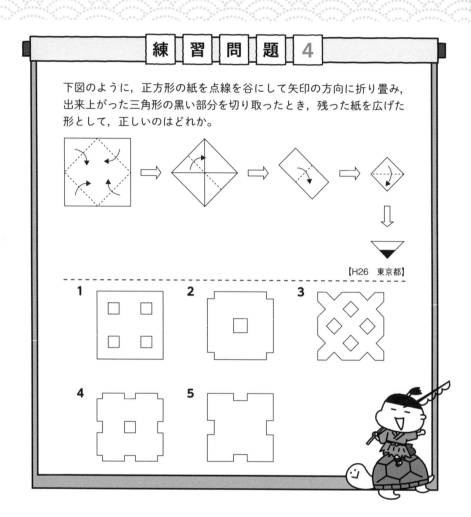

【H26　東京都】

 **STEP 1** 　紙を開いていく

　折り紙の問題です。残った紙を広げた形を聞かれているので，できあがった三角形から矢印のように紙を開いていきましょう。

　折り目を線対称の軸として切れているところを書き加えるのがポイントです。

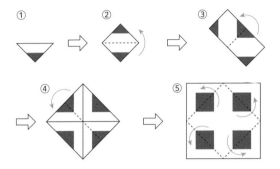

 **STEP 2** 　選択肢を検証する

　選択肢の図形を比べて見ると，紙を広げた形は1であることがわかります。

正答
1

22 軌跡の問題

~円か直線かそれ以外か~

　ここでは，図形が回転する際，図形の中にある点の描く線がどのような線になるかを考える問題を扱います。いわゆる軌跡の問題です。ではさっそく，例題から解いていってみましょう。

　多角形が直線上を回転する場合，多角形にある点の軌跡は円弧を組み合わせた形になることを利用します。

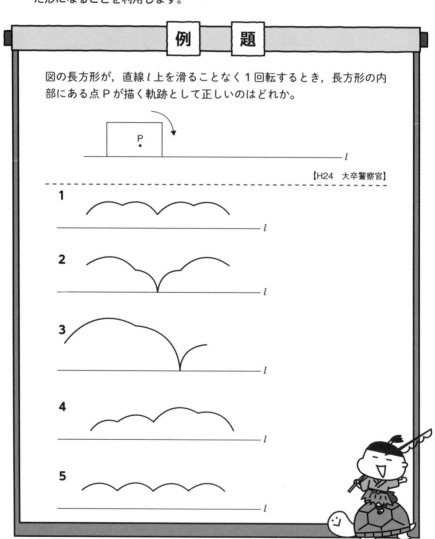

STEP 1　回転運動

　点 P が，たとえば多角形の頂点，辺上，内部のどこにあったとしても，点 P は回転運動をします。そして，その軌跡はすべて円弧をつないだ形になります。したがって，注目するべきことは，回転の中心とその半径です。そこに着目すればおおよその円弧の形と大きさがわかります。

半径の考え方
回転の中心と軌跡を描く点の距離が半径になるよ。

STEP 2　点 P の回転の半径

　さて，注目すべき回転するときの半径は，どのようにとらえればよいでしょうか。それは，回転の中心と点 P を結んだ線分です。次の図を見てください。回転し始める a のときは，回転の半径が AP です。回転している b の状態も回転の半径は AP です。c からは，回転の半径が BP になります。また，中心角は図のようになります（長方形の場合 90° です）。

弧の考え方
弧になる軌跡を考えるときは，どこが中心になるのか，半径はどれなのか，回転の角度の3つをつかむことがポイントだよ！

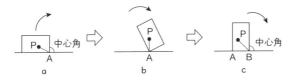

STEP 3　点 P の軌跡

　長方形の頂点を ABCD とおきます。この長方形を回転させていくと，点 P は次のように動きます。

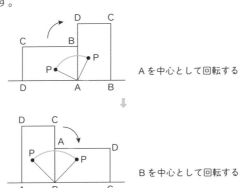

A を中心として回転する

B を中心として回転する

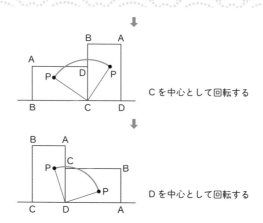

C を中心として回転する

D を中心として回転する

これらをまとめると以下のようになります。

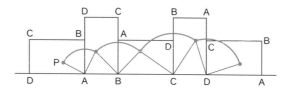

よって正答は4です。

次の練習問題は，多角形ではありません。図形は円が基本になっている問題です。円が直線上を回転するときの軌跡を考えてみましょう。

円の中心の軌跡は下の図の d のように直線になります。また，円周上のある点の軌跡は図の e のような曲線になります。

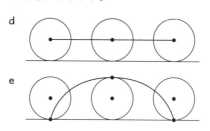

サイクロイド曲線

e の曲線は円の一部でも放物線でもなく「サイクロイド」と呼ばれる特殊な曲線だよ。

練 習 問 題 1

右の図形を矢印の方向に 1 回転させた
とき，点 O_1，O_2 の描く軌跡として正
しいものはどれか。

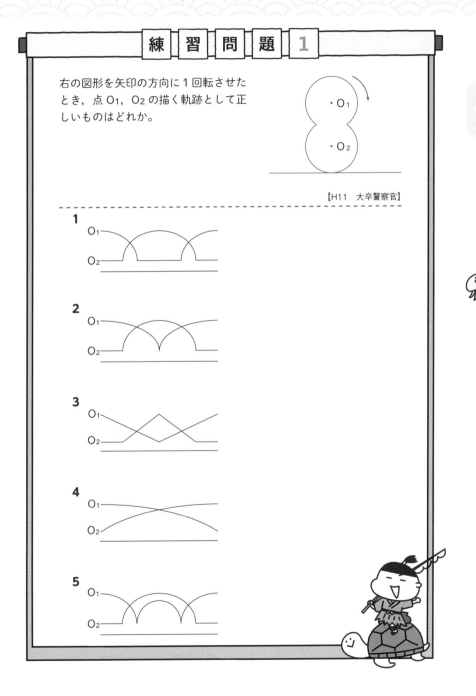

【H11　大卒警察官】

1

2

3

4

5

STEP 1　２つの点の関係

　問題の図形は，円の一部を切り取ったものを２つ組み合わせたものです。

　O_1，O_2 を別々に考えてみましょう。

　O_2 は，次の図 a のような円の中心です。

　O_1 は，図 b のように O_2 と線分で結ばれています。

同じ図形の組合せだから
２つの点の軌跡は同じになるはずだよ。

区別しよう
円が回転するときは，点の位置がどこにあるかで軌跡が異なるよ。

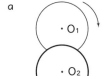
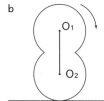

STEP 2　２つの点の軌跡

　O_2 の軌跡は水平な直線（図形が回転していく床と平行），O_1 の軌跡は曲線だとわかりますね。軌跡をそれぞれ書き加えてみると次のようになります。

円の中心の軌跡は
自転車とかクルマのタイヤの中心と同じ。中心は水平な一直線の軌跡になるよね。

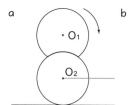
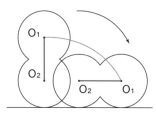

　そして，O_1 を中心とする小円が地面に接します。

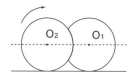

　この後は，O_2 が O_1 の上になるように回転していくので，２つの点は上下が入れ替わることになります。

　つまり，O_2 の軌跡は直線→曲線→直線，O_1 の軌跡は曲線→直線→曲線をそれぞれ繰り返していくはずです。

 **STEP3** 選択肢を検証

STEP1とSTEP2から，**1**が妥当だとわかります。

ところで，今回の問題の場合，上下の点が同じ軌跡を描くということから，**2**～**5**の選択肢はありえないことがわかります。

また，1回転させたときの軌跡なので各点はもとの高さに戻っているはずなので**4**はありえないとわかります。

このように消去法で正答を得ることが可能です。

正 答
1

次の練習問題2は，平らではない床面を円が転がるときの，円の中心が描く軌跡が問われています。

次の図において，左端にある円が，滑らずに右へ転がるとき，円の中心の軌跡として正しいものはどれか。

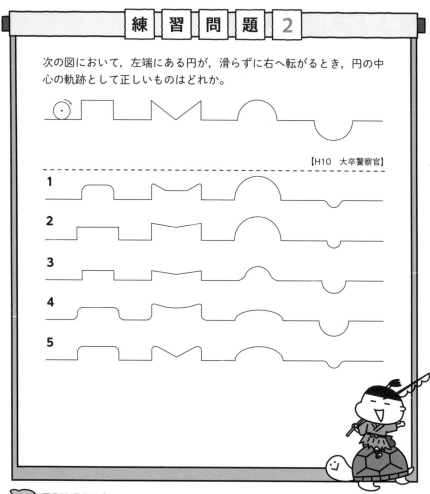

【H10 大卒警察官】

STEP 1 消去法で解いてみよう

　前問で，消去法で答えを得る考え方を紹介しました。軌跡の問題では特徴のあるところに注目し，それが該当しない選択肢を消去していくと，答えを見つけやすいので，この問題でも消去法を利用します。

 STEP2 | 軌跡の特徴を探す

まず，円が最初に越えていく図形（長方形とします）にぶつかるときを考えます。

上の図のように，円は真っすぐに進んできて壁に当たります。そして，そのまま垂直に動くので，直角に曲がります。よって，**4**は該当しません。

長方形を越えていくときの軌跡を考えてみましょう。長方形の角の部分を円が通過するとき，円の中心の軌跡は，中心角90°の弧になります。この時点で，**2**，**3**は該当しないことがわかります。

次に円が転がっていく図形のM字型の谷間の部分において，円の中心の軌跡はV字型になります。ここで**1**は該当せず，**5**が残ります。

正　答
5

色文字部分の補足説明をすると…

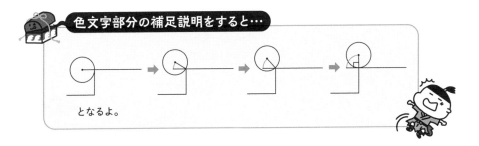

となるよ。

次は，大きな円の内部に小さな円が転がる問題です。

図のように，O を中心とする半径 3 の円に，O′ を中心とする半径 1
の円が点 P で内接している。円 O の円周に沿って，円 O′ を滑らない
ように矢印の向きに回転させ，元の位置に戻ったとき，円 O′ の円周
上の点 P の軌跡として最も妥当なのはどれか。

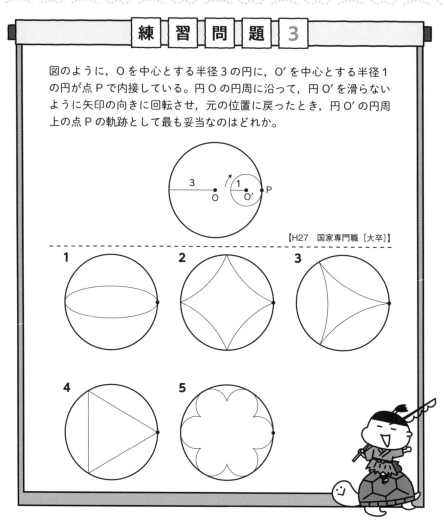

【H27　国家専門職［大卒］】

本文：

練習問題 2 では円の中心の軌跡を求めましたが，本問は円周上の点 P の軌跡の
問題です。しかも円の内部を転がっています。

STEP 1　軌跡の特徴を探す

スタートラインでは頂点 P は円 O の円周に接しています。では，頂点 P は回転
して元の位置に戻るまでの間に何回円周に接するでしょうか。
円 O は半径が 3 なので，円周＝ 3 × 2 × π ＝ 6 π
円 O′ の半径は 1 なので，円周＝ 1 × 2 × π ＝ 2 π
よって，6 π ÷ 2 π ＝ 3 より，円 O′ が円 O の円周に沿って回転し，元の位置に

戻るまでの間，図の A と B の位置で頂点 P は円 O の円周に接することがわかります。この時点で選択肢が **3** と **4** に絞られます。

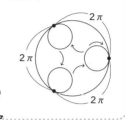

🐬 STEP 2 　消去法で解く

　ここでも前問同様に消去法が役に立ちます。STEP 1 で，すでに選択肢 **3** と **4** のみに限られました。円 O′ が半回転したときの頂点 P の位置で，この2つの選択肢の違いを確認しましょう。半回転したとき，頂点 P の位置は下の図のように，中心 O に最も近い位置になります。

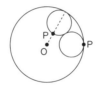

　選択肢 **3** と **4** にこの内接する円を描いて確認してみます。

3

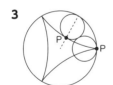

4

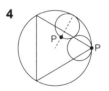

　よって，**4** は該当せず，**3** が正答だとわかります。

正　答
3

　次の練習問題 4 では，点 P が回転によって描いた軌跡と床面とに囲まれた図形の面積を求める問題です。

練 習 問 題 4

図のように，1辺の長さ1cmの正方形が直線 l 上を滑ることなく回転して行き，P点が P′ の位置に来るまで移動した。このとき，P点の描く軌跡と直線 l とで囲まれた図形の面積はいくらになるか。

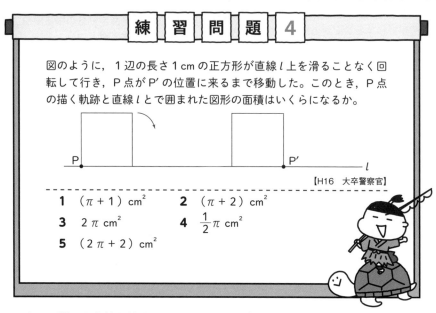

【H16 大卒警察官】

1 $(\pi + 1)$ cm^2 **2** $(\pi + 2)$ cm^2

3 2π cm^2 **4** $\frac{1}{2}\pi$ cm^2

5 $(2\pi + 2)$ cm^2

点Pが描く具体的な軌跡をとらえることがポイントとなります。また，軌跡が描いた図の中で合同な図形を見つけると面積の計算をしやすくなります。

STEP 1 軌跡をとらえる

正方形が回転したときの点Pの軌跡は次のとおりです。

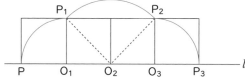

軌跡は円の弧を描きます。

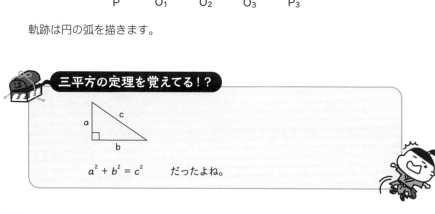

三平方の定理を覚えてる！？

$a^2 + b^2 = c^2$ だったよね。

STEP2 | 円の半径を把握する

　△ $O_1P_1O_2$ は正方形を半分に切ったのですから直角二等辺三角形ですよね。よって，$O_1O_2 = O_1P_1 = 1$，$O_2P_1 = \sqrt{2}$ です。

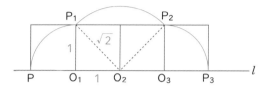

　面積は扇形 O_1PP_1 （扇形 $O_3P_2P_3$ の面積と等しい）と扇形 $O_2P_1P_2$，△ $O_1P_1O_2$ （△ $O_2P_2O_3$ の面積と等しい）の面積を計算することで求めることができます。

　扇形 O_1PP_1 の面積　　$\pi \times 1^2 \times \dfrac{1}{4} = \dfrac{\pi}{4}$

　扇形 $O_2P_1P_2$ の面積　$\pi \times (\sqrt{2})^2 \times \dfrac{1}{4} = \dfrac{\pi}{2}$

　△ $O_1P_1O_2$ の面積　　$1^2 \times \dfrac{1}{2} = \dfrac{1}{2}$

以上より，$\dfrac{\pi}{4} \times 2 + \dfrac{\pi}{2} + \dfrac{1}{2} \times 2 = \pi + 1$

よって面積は $(\pi + 1)$ cm² となります。

> **直角二等辺三角形だから**
>
> この2つの三角形はどちらも直角二等辺三角形なので，
>
>
>
> となっているよ。

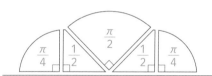

正答
1

23 最短距離の問題
～点を結んで～

ここでは，最短距離の経路を扱った問題と一筆書きの問題を解いていきます。いずれも覚えておくと便利な性質があります。それらを覚えながら，使い方を理解していきましょう。

- 一筆書きは，偶点と奇点の条件を覚える
- 最短経路は1通りとは限らないので，数値を書き入れて何通りあるか得る方法を覚える

では例題から解いていってみましょう。

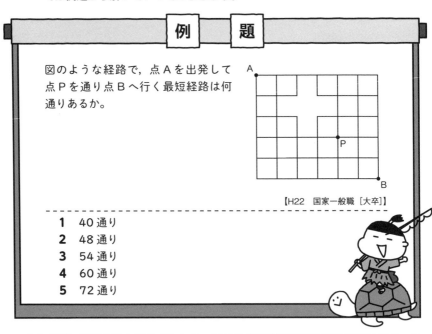

例 題

図のような経路で，点Aを出発して点Pを通り点Bへ行く最短経路は何通りあるか。

【H22 国家一般職［大卒］】

1　40通り
2　48通り
3　54通り
4　60通り
5　72通り

たとえば，碁盤の目の場合でしたら，目の数を順列計算する方法を用います。これは，次のような碁盤の目のXからYへの最短距離の数は $\dfrac{8!}{3!\,5!}$ です。

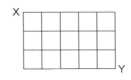

まず，このことについて説明します。

ある目から下に進む場合を↓，右に進む場合を→と表します。ＸからＹに進む最短の経路は，↓が３個，→が５個あればよいわけですから，

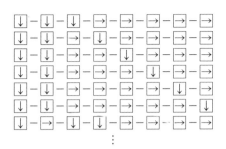

のように考えることができます。これのすべての組合せは，８個の□から↓を入れる３個の□を選ぶ組合せの数となります。したがって，その数は，

$$_8\mathrm{C}_3 = \frac{8!}{3! \times 5!}$$

となります。

　しかし，碁盤の目の一部が欠けていたり，通れない箇所などがある場合は，交差点に数値を記入していく方法を用いると便利です。

　例題は碁盤の目の一部が欠けていますから数値を記入する方法を使いましょう。

組合せとは

m 個から n 個を選ぶ組合せの数を $_m\mathrm{C}_n$ と表し，その値は $\dfrac{m!}{n!(m-n)!}$ で計算できるよ。$m!$ とは m から１までの数をかけ合わせる意味です（! は階乗〈かいじょう〉と読みます）。たとえば $4! = 4 \times 3 \times 2 \times 1 = 24$ となるんだ。

$$\frac{8!}{3! \times 5!} = \frac{8 \times 7 \times 6 \times 5 \times 4 \times 3 \times 2 \times 1}{3 \times 2 \times 1 \times 5 \times 4 \times 3 \times 2 \times 1} = 8 \times 7 = 56$$

となるよね。

 **数値を記入して数える方法**

次の規則に従って，出発点にできるだけ近い点から数字を入れていきます。

たとえば，Ｘを出発点として，図のように１を書き入れます。

X	1	1	1	1
1				
1				
1				
1				

次に下のように数を足していきます。

X	1	1	1	1
1	2	3	4	
1	3	6	10	
1	4	10		
1	5			

もし，Y が通行止めだとすると次のようになります。

X	1	1	1	1
1	2	3	4	
1	Y	3	7	
1	1	4		
1	2			

通行止めはゼロ

通行止めになるということは，その地点を通る経路はゼロになるということです。そのため，Y の上の点を通る経路は 1 ＋ 0 ＝ 1 通りになるよ。道がない場合も同様だよ。

次のように一部欠けている場合も同様に考えることができます。

X	1	1	1	1
1	2	3	4	
1		3	7	
1	1	4		
1	2			

🐬 STEP 2　問題にある図に数字を書き入れてみる

　A から B への最短経路ですから，右と下だけに動いていかなくてはなりません。左や上向きには動かないことに気をつけながら数字を入れていきましょう。

　出発点は A 点ですから，まず次の図のように数字を書き入れます。ただし，最短経路でなおかつ P 点を通らねばなりませんから，数字を書き入れないところも出てきます。図の○を付けたところがその例です。

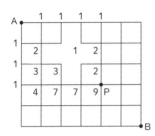

このように順次数字を書き入れていくと，AからPまでは次のようになります。

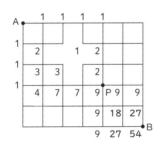

さらに，PからBについても順次数字を書き入れていくと，次のようになります。

余計な手間はかけない！
そこを通ると遠回りになってしまうような交差点には数字を書き入れないこと！

STEP 3 答えを確認する

数字を書き入れた図を見ると，B点のところで54になっています。よって，54通りですから，正答は3になりますね。

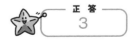

正答
3

かけ算を使えばもっと早い

　AからPへ，PからBへ，それぞれ何通りかを求めてかけ合わせることでも，何通りなのか求めることができます。

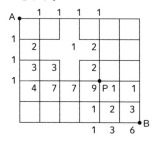

　　　9通り　　6通り
A ——→ P ——→ B
　　　9　 ×　 6　 ＝ 54〔通り〕

272

練 習 問 題 1

次の図の太線部分を一筆書きしたいが，このままでは不可能なので太線の一部分を消去したい。最短で何 cm 消去すれば一筆書きが可能となるか。ただし，破線の 1 目盛を 1 cm とする。

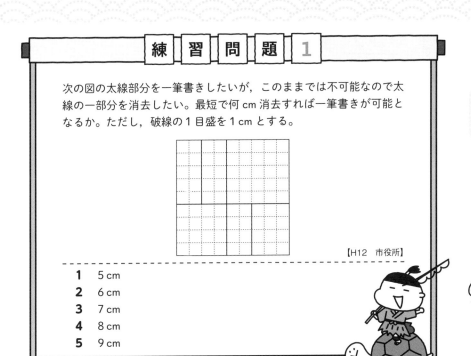

【H12　市役所】

1　5 cm
2　6 cm
3　7 cm
4　8 cm
5　9 cm

今度は一筆書きの問題です。一筆書きはできるかどうかの条件があります。

　一筆書きが可能なのは奇点が 0 あるいは 2 個

以下で詳しく説明します。

STEP 1　図形が最終的にどのようになればよいか

　与えられた図形に奇点が 1 個あるいは 3 個以上あったら，そのままでは一筆書きはできません。そこで，奇点が 0，2 個になるように線を加えたり消したりすれば，一筆書きができるようになるということです。

偶点と奇点とは

1 つの点から偶数本の線分が出ている点を偶点，奇数本の線分が出ている点を奇点というんだ。

STEP 2 奇点がいくつあるか

　与えられた図形には奇点がいくつあるで
しょうか。

　奇点は，奇数本の線分が集まっている点
ですから，○を付けると次のようになりま
す。

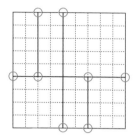

奇点が0または2？
奇点が0のときは，好きな点から
始めてその点に戻ることができる
ね。輪ゴムを連想するといいよ。

奇点が2のときは，一方の奇点か
ら他方の奇点に行くことになる
よ。ヒモを連想してみてね。

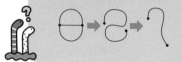

　一筆書きが可能になることが目標なら
ば，奇点を0あるいは2個にすればよいのです。しかし，問題では「最短で何cm
消去すればよいか」と問われていますから奇点を2個に減らせばよいのですね。

STEP 3 奇点を減らす

　なるべく短い線で6つの奇点を偶点に変えたいので，色線を消してみると，消去
する部分が最短で奇点が2個になります。

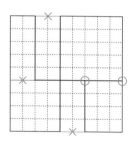

　したがって消去する部分の長さは6cmです。

正 答
2

274

次の図は，合同な二等辺三角形16枚を組み合わせてつくった立体を示したものである。この立体の辺上を通り，AからBまで同じ辺を2度通らずに往復する最短経路は何通り考えられるか。

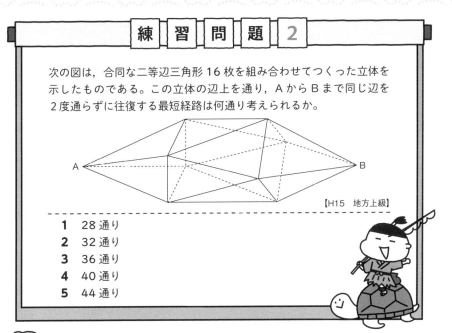

【H15　地方上級】

1　28通り
2　32通り
3　36通り
4　40通り
5　44通り

STEP 1　AからBへの最短経路は？

　AからBまでの最短経路は何通りあるか考えてみましょう。まず，図の各頂点にはC〜Jの記号を付けます。図の中にある三角形はすべて二等辺三角形ですから，最短経路は次のようになります。

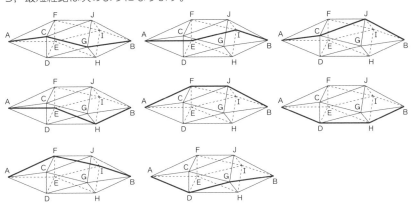

これは，次のような方法で求めることができます。

下の図のように，AからBまで進む経路のうち，Aから1つ目の分岐点を通過点1，2つ目を通過点2とします。まずは通過点1までをA→Cに進んだとして，その先の通過点2までの経路の数を考えます。

Cを通り通過点2までの最短距離の経路の数は，A→C→J，A→C→Gの2通りです。次に，通過点2からBまでは，それぞれ1通りしかないので，通過点1でCを通る経路の数は2通りです。通過点1のD，E，Fにも同様に2通りずつあるので，

4×2＝8〔通り〕

となります。

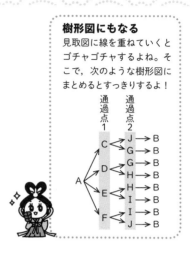

樹形図にもなる
見取図に線を重ねていくとゴチャゴチャするよね。そこで，次のような樹形図にまとめるとすっきりするよ！

(往路)

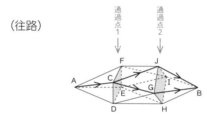

これで，AからBまでの最短経路の数は8通りあるとわかりました。

🐬 STEP 2 ｜ BからAへの最短経路は？

次に，BからAまで戻ってくる最短経路です。たとえば行き（A→B）にA→C→G→Bの経路を通った場合の帰りの経路を考えます。次の図では行きの経路を色線にしています。

(復路)

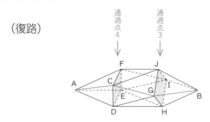

帰りはBを出発して通ることができる通過点3の頂点はGを除くH，I，Jのみです。通過点3から通過点4に進む経路は通過点1の頂点ごとに考えなくてはいけません。これは，通過点4のCが通れないためです。

通過点3がHの場合，通過点4はDとE

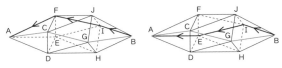

通過点3がⅠの場合，通過点4はEとF

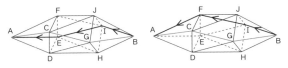

通過点3がJの場合，通過点4はFのみ

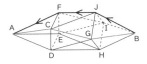

以上より，BからAまで戻る最短経路は5通りです。

> **帰りも樹形図**
> 復路については，往路ごとに異なった樹形図になるので注意が必要だよ。

STEP 3 | 往復の経路数の計算

帰りの経路の5通りは，行きの8通りにそれぞれの場合でどれも同じです。
よって，8×5＝40〔通り〕なので，正答は**4**です。

> 正 答
> 4

図のような，1辺の長さが6cm の正四面体 ABCD がある。この正四面体の表面上を，辺 AB の中点 M から4つの面すべてを通って1周する最短の長さとして，正しいのはどれか。

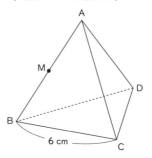

【H24　大卒警察官】

1　$6\sqrt{3}$ cm
2　$6\sqrt{6}$ cm
3　12cm
4　$12\sqrt{3}$ cm
5　$12\sqrt{6}$ cm

STEP 1 ｜ 立体表面上の最短距離は？

　立体の表面上の最短距離は，立体の展開図上では一直線になるという性質を使います。忘れないようにしましょう。

最短距離を考えるときは直線にするのが鉄則！

STEP 2 ｜ 展開図を描いてみよう

　展開図を描いて，直線を引いてみればよいのです。この問題の場合，MM′ の距離を求めるということです。

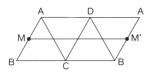

　点 M および点 M′ は辺 AB の中点なので，辺 MM′ は全体の平行四辺形の底辺の
長さと等しくなります。平行四辺形の底辺は三角形 ABC の 1 辺の 2 倍ですから，
　　MM′ ＝ 6 × 2 ＝ 12〔c m〕
となり，正答は **3** とわかります。

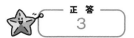

正　答
3

第 8 章

立体は平面に
変換しよう！

24 展開図の問題
～切って開いて組み立てて～

ここでは，立体の展開図についての問題を扱います。展開図のある辺は，必ず別などこかの辺と重なって，立体の1辺になります。つまり，展開図のどの辺とどの辺が重なり合うのかを考えることが解法になる，ということなのです。

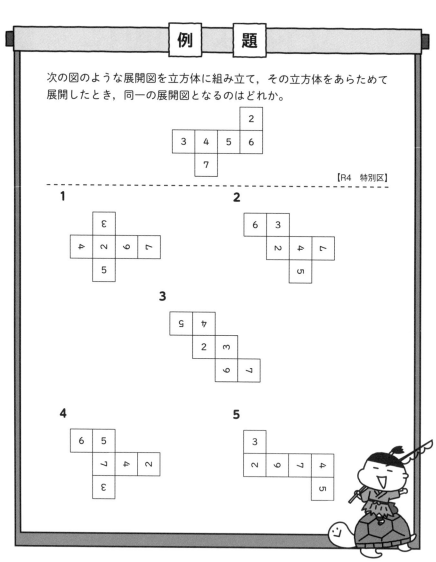

例 題

次の図のような展開図を立方体に組み立て，その立方体をあらためて展開したとき，同一の展開図となるのはどれか。

【R4　特別区】

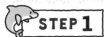

STEP 1　組立てたときに重なる辺を把握する

問題の展開図で組立てたときに重なる辺を線でつなぐと次のようになります。

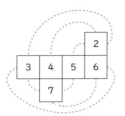

> 展開図の問題は組立ててイメージしようとすると難しくなるよ。立体図形は平面の上で考えよう。

STEP 2　選択肢を消去法でチェックする

STEP1の図を利用して選択肢をチェックします。例えば「3」の下と「7」の左側が組立てたときに繋がっていることがわかります。

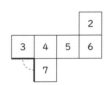

> 他にもいろいろなチェックポイントがあるので，試してみよう！

1と**4**は「3」の下と「7」の右側が繋がっているので異なります。

1

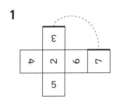

4

2と**5**は「3」の下と「2」の側面が繋がっているので異なります。

2

5

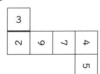

よって，正答は消去法で**3**となります。

正　答
3

練 習 問 題 1

次は，正八面体の展開図であるが，これらのうち，組み立てたときに
点 A と点 B が重なるのはどれか。

【H27　国家専門職［大卒］】

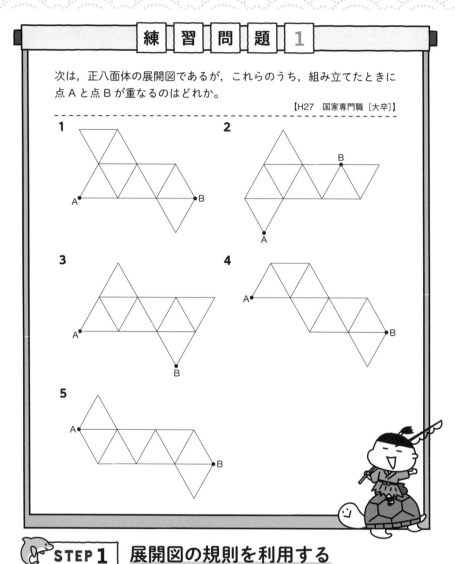

STEP 1　展開図の規則を利用する

展開図には次の a と b の規則があります。これを辺ではなく頂点で応用します。

a　2辺がつくる角が最小になる場合，その2辺は重なる。

b　a で重なった辺の頂点どうしは重なる（ただし，2つの面で共有できる辺は1
つだけです）。

たとえば，次のような展開図の場合，辺1と辺2が重なるので，頂点Pと頂点Qが重なります。

選択肢の展開図についても同じように対応する点どうしを結んでいくと，点Aと重なる点，点Bと重なる点がわかります。

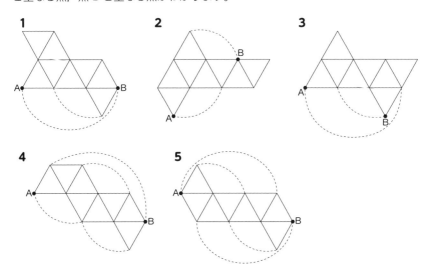

1から**5**のうち，点Aと点Bが重なるのは選択肢**1**のみです。よって正答は**1**になります。

正　答
1

図のような三面のみに模様のある正十二面体の
展開図として最も妥当なのは次のうちではどれ
か。
ただし，展開図中の点線は，山折りになってい
た辺を示す。

【R2　国家専門職】

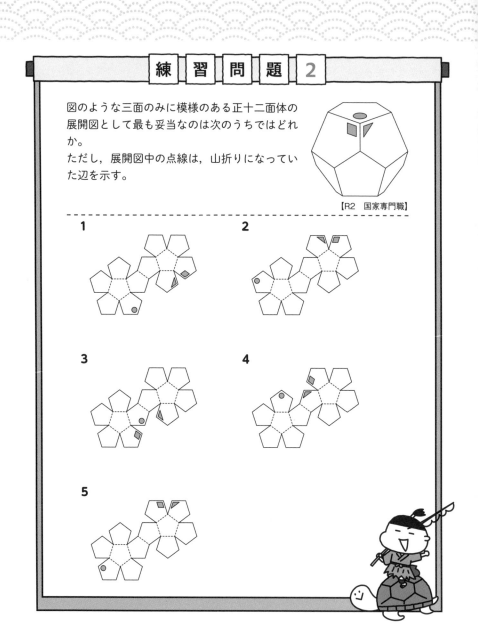

 **立体の特徴をとらえる**

図は●から頂点を軸に時計回りに●▲■と順番に並んでいます。

 **選択肢で同じ特徴のものを探す**

　面を移動させて同様の並びになっている展開図を見つけましょう。**2・3・5**は3つの模様が1つの頂点にそろいません。**1**の同じ点どうしを結ぶと次のようになります。このとき●から時計回りに●▲■と並んでいることがわかります。

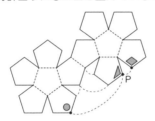

よって，正答は**1**となります。

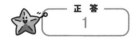

正答
1

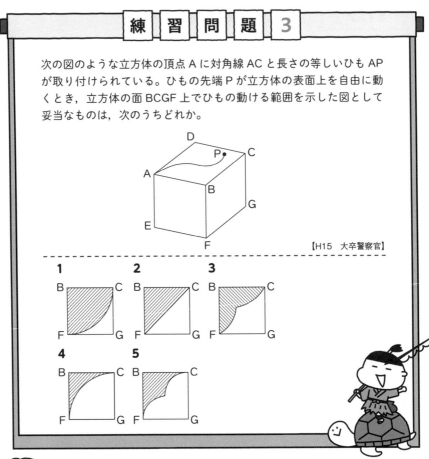

練 習 問 題 3

次の図のような立方体の頂点 A に対角線 AC と長さの等しいひも AP が取り付けられている。ひもの先端 P が立方体の表面上を自由に動くとき，立方体の面 BCGF 上でひもの動ける範囲を示した図として妥当なものは，次のうちどれか。

【H15　大卒警察官】

STEP 1 | 立方体から平面体へ

　ひもを立方体の表面上で動かして考えるよりも，平面上のほうがわかりやすいので，立方体を展開してみましょう。問題で問われているのは，BCGF 上の動ける範囲です。ひもが BCGF 上にあるためには，ABCD と ABFE を通りますから使う平面は ABCD，ABFE，BCGF の 3 枚です。

STEP 2 | 3つの平面を利用する

　展開させた3枚の面の並べ方は何通りかありますが，BCGF上の動ける範囲を知りたいのですから，BCGFを中心にしたものを使いましょう。

　ひもの長さはACの長さと等しいので，点Aを中心にした円を描くことになります。まず長方形ADGF上で動かすと，次のように扇形になります。

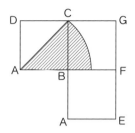

　同様に，図の中のもう1つの点Aを中心にしてひもを動かすと，扇形の一部は重なり，次のようになります。

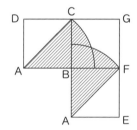

　BCGF上の形を見ると，正答は選択肢3であることがわかります。

正　答

3

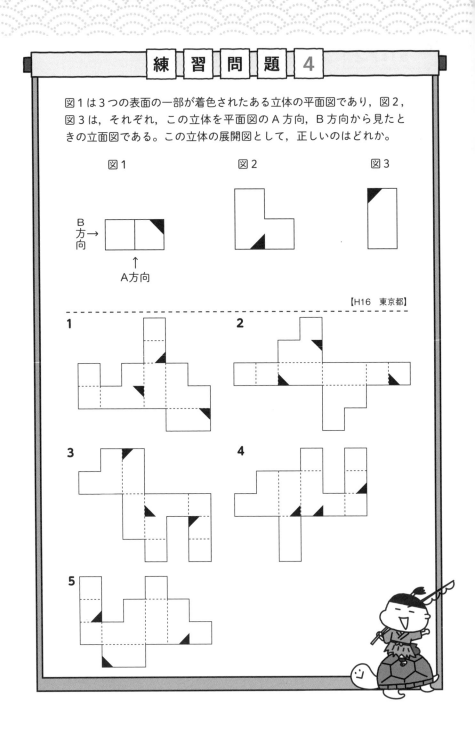

図1は3つの表面の一部が着色されたある立体の平面図であり、図2、図3は、それぞれ、この立体を平面図のA方向、B方向から見たときの立面図である。この立体の展開図として、正しいのはどれか。

図1　　　　　　　図2　　　　　　　図3

B方向→

↑
A方向

【H16　東京都】

1

2

3

4

5

290

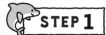

STEP1 立体の形をとらえよう

図1〜3から、立体は次のように考えられます。着色された部分をP〜Rとします。

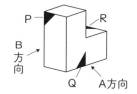

正面図と側面図, 平面図

下のような立体があるとき、Aの方向から見た図を正面図、Bの方向から見た図を（右）側面図、Cの方向から見た図を平面図というんだったよね。

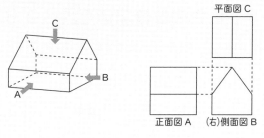

STEP2 着色の位置関係を調べる（PとQ）

まず、Pを含む面がQの面と同一平面になるように開いた図を考えます。

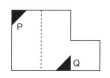

次に、選択肢の展開図の一部を移動させて、P，Qに当たる部分が上の図と同じになるものを探します。

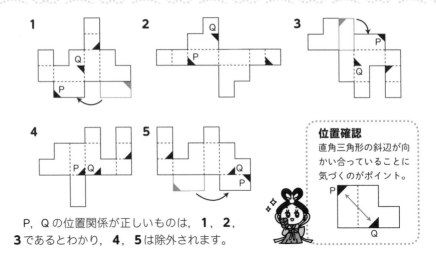

位置確認
直角三角形の斜辺が向かい合っていることに気づくのがポイント。

　P，Q の位置関係が正しいものは，**1**，**2**，**3** であるとわかり，**4**，**5** は除外されます。

STEP 3 　着色の位置関係を調べる（Q と R）

　次は，**1**，**2**，**3** について，Q と R で同様のことを調べます。Q と R の部分の展開図は下のようになります。

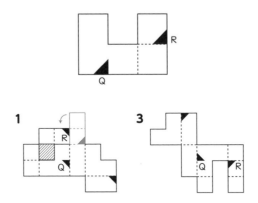

　1 も **3** も上の図と異なりますので，残った **2** が正答です。

正　答
2

25 立体の切断の問題
～切り口の特徴を考える～

ここでは，立体の切り口に関する問題を扱っていきます。辺や面の位置関係に着目しながら順序立てて解いていきましょう。

例　題

次の図のような，1 辺 4 cm の立方体がある。この立方体を点 A，B，C を通る平面で切断したとき，その断面の面積はどれか。

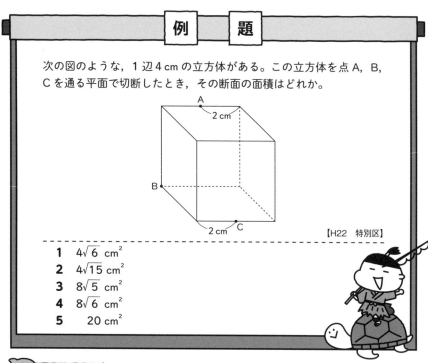

【H22　特別区】

1　$4\sqrt{6}$ cm²

2　$4\sqrt{15}$ cm²

3　$8\sqrt{5}$ cm²

4　$8\sqrt{6}$ cm²

5　20 cm²

STEP 1　断面の図形を知る

多面体を 1 つの平面で切断したときの断面についてのポイントは以下の 2 つになります。

①同一平面上にある 2 点を結ぶ直線が断面になる。

②平行な面には平行な断面ができる。

たとえば，図 1 の立方体の点 X，Y，Z を通る平面で切断したときの断面を考えましょう。

まず①より，点 X と Y は上面で，点 X と Z は右側面で同一平面上にあるので直線で結びます。点 Y と Z は同一平面

図1

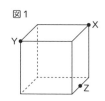

294

上にありませんので，直線で結ぶことができません。ここで，②のポイントが生きてきます。立方体の上面と下面は平行なので，下面には，点 Z を通り，線分 XY と平行な直線が表れます。この直線と下面との交点を W とすると，点 W は点 Y と同一平面上にあるので結ぶことができます。これで断面の完成です（図2）。

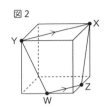

図 2

断面は何の形？
XY と WZ は平行で左右対称だから，等脚台形だね。

では，例題について考えていきましょう。

STEP 2　切り口を描く

本問の場合，点 A と B，点 B と C は同一平面上にあるので直線で結びます。点 A と C は同一平面上にないので結べませんね。

上面は，点 A を通り，直線 BC と平行に直線を引くと，ちょうど立方体の頂点にぶつかります。この点を D とおくと，点 D と C は同一平面上にあるので結ぶことができます。これで断面（切り口）の完成です。

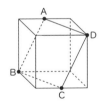

STEP 3　面積を求める

断面である四角形 ABCD はどんな形でしょうか。4辺とも立方体の頂点と辺の中点を結んでいるから，それぞれの長さは等しく，ひし形ですね。面積を求めるために対角線 AC と BD の長さを求めます。

AC について，左側面から立方体を見てみましょう。AC は立方体の面の対角線と同じ長さになり，

$$AC^2 = 4^2 + 4^2$$

より，

$$AC = \sqrt{32} = 4\sqrt{2}$$

となります。

三平方の定理
直角三角形 ABC において，以下の式が成り立ちます。

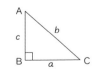

$$b^2 = a^2 + c^2$$

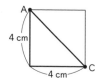

ひし形の面積 S の求め方
対角線の長さを a, b とすると，
$S = \dfrac{1}{2}ab$ で求めることができるよ

BD については，下のように右下の頂点を E とおくと，
$BD^2 = DE^2 + BE^2 = 4^2 + (4\sqrt{2})^2 = 48$
より，$BD = \sqrt{48} = 4\sqrt{3}$ となります。

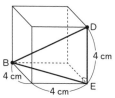

よって，求める面積は，
$\dfrac{1}{2} \times 4\sqrt{2} \times 4\sqrt{3} = 8\sqrt{6}\ (\text{cm}^2)$
となり，正答は **4** となります。

BE の長さ
AC と同様に考えることができ，底面において
$BE^2 = 4^2 + 4^2$ より，
$BE = \sqrt{32} = 4\sqrt{2}$
となるよ。

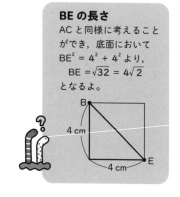

正答
4

20個の同じ大きさの立方体を貼り合わせて，上下左右前後のどの方面から眺めても図Ⅰの形に見える図Ⅱのような立体を作った。図Ⅱの立体を頂点A，B，Cを通る平面で切ったときの断面として最も妥当なのはどれか。

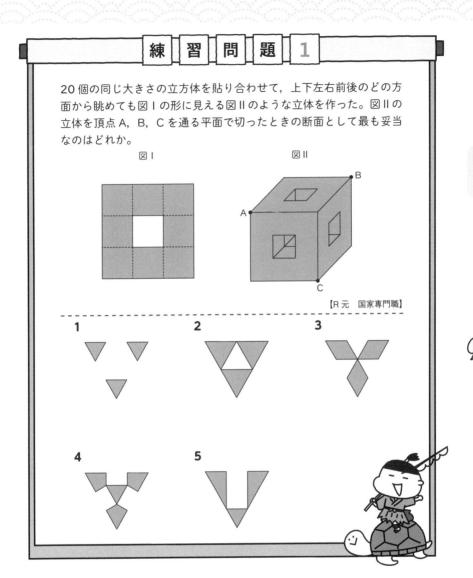

図Ⅰ　　　　　　　　　図Ⅱ

【R元　国家専門職】

STEP 1 | 切断面を考えよう

点 ABC を通る平面は次のとおりです。

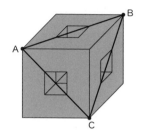

STEP 2 | スライスして内部を把握する

内部がどのように切断されているかわからないので、スライスして内部を確認していきましょう。縦に3段に分けて上から順に1段目、2段目、3段目とします。

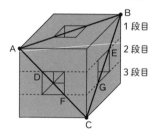

1段目は ABED で囲まれた部分が切断されています。真ん中の立方体がない所は「×」で表すことにします。

1段目

2段目は DEGF で囲まれた部分が切断されています。

2段目

3段目は FGC で囲まれた部分が切断されています。

3段目

つなげて切断面をチェック

これを面になるように1つの平面でつなげると次のようになります。

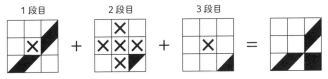

1段目 　　2段目 　　3段目

これより，切断面は四角形3つの形ということがわかります。

よって，正答は3となります。

正答
3

正十二面体を1つの平面で切断したとき，切断面の図形としてありえないものは次のうちどれか。

【H13　大卒警察官】

1　正三角形
2　正方形
3　正六角形
4　正八角形
5　正十角形

🐬 STEP 1 　切断面の向きを考える

5つの選択肢はすべて正多角形です。切断面が正多角形になるように正十二面体を切断する面の向きで，まず思いつくのは次の3つです。

A　1つの面に平行な平面

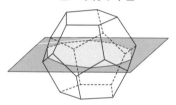

B　最も長い対角線に垂直な平面

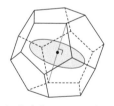

C　1辺を含む平面に平行な平面

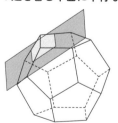

立方体ではどうなる？
正六面体（立方体）の場合は次のようになるね。

1つの面に平行な平面

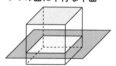

最も長い対角線に垂直な面

1辺を含む平面に平行な平面

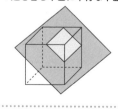

 **STEP 2** **切断面を平行移動する**

　A，B，C それぞれの面を平行移動させて，切断面がどの辺を通るかを考えます。切断面の通る辺の数と，切り口にできる図形の頂点の数は等しくなります。

　まず，A について考えてみます。

　切断面が下の図の色を着けた 5 本の辺を通る位置にあるとき，色の着いた辺の上に頂点が 1 個ずつ，合計 5 個できるので，切り口は五角形です。切り口が色の着いた辺のどこを通っても五角形の 5 本の辺の長さは常に等しいので，切り口は必ず正五角形になります。

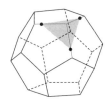

 切断面の通る辺の数

　切断面の通る辺の数は，切り口の頂点の数と同じ数だね。

　次のような場合は，色の着いた辺は 10 本です。頂点の数が 10 個になるので，切り口は十角形です。そして，切断面が色の着いた辺の中点を通るときに正十角形になります。

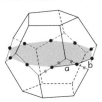

真上から見ると…
左の正十二面体を真上から見るとこうなるよ。

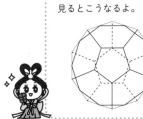

　次は B の場合です。考え方は A と同じです。切断面が色の着いた 3 本の辺を通るとき，切り口にできる図形の頂点の数は 3 個ですから，切り口は三角形です。三角形の辺の長さは常に等しいので，切り口の図形は正三角形です。

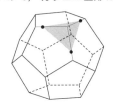

同様に，切断面が6本の色の着いた辺を通るとき，頂点の数は6個になりますから，切り口は六角形です。そして，辺 *a* と *b* の長さが等しくなるとき，正六角形となります。

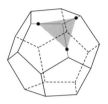

　最後は C の場合です。
　切断面が色の着いた4本の辺を通るとき，切り口は四角形となります。そして，切断面が正十二面体の4つの頂点を通るとき，四角形が正方形となります。

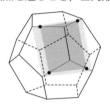

STEP3 選択肢を比べる

　今までにわかった切り口の図形は次の5つです。
・正三角形
・正方形
・正五角形
・正六角形
・正十角形
　したがって，選択肢では，**4** の正八角形だけがありえません。

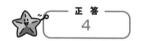

正　答
4

練 習 問 題 3

立方体 ABCD–EFGH がある。I，J，K はそれぞれ辺 AE，BF，CG の中点とする。立方体から，三角柱 ABC–IJK を切り取る。線分 DC，AC，IK，DH の中点をそれぞれ L，M，N，P とし，線分 PK の中点を O とする。次に三角柱 CLM－KON を切り取る。この立体を点 A，D，G を通る平面で切ったときの断面の形は次のうちどれか。

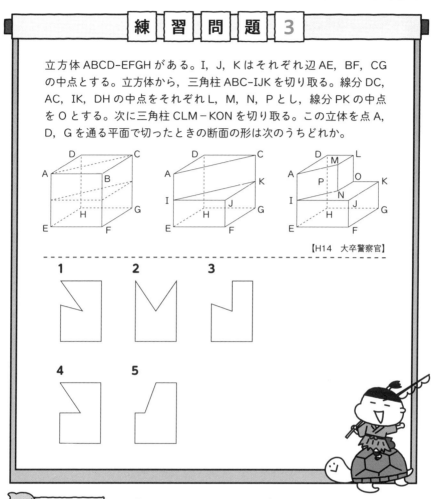

【H14　大卒警察官】

1　　　**2**　　　**3**

4　　　**5**

🐬 STEP 1　最初の断面図から考える

　三角柱が切り取られる前の断面図をもとにして，三角柱を切り落としていくと考えやすそうです。

　A，D，G を通る平面は，三角柱を切り取る前の立方体の AFGD です。その面から考えることにします。

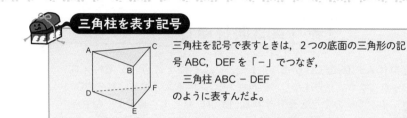

三角柱を記号で表すときは，2つの底面の三角形の記号 ABC，DEF を「−」でつなぎ，

三角柱 ABC − DEF

のように表すんだよ。

STEP 2　三角柱を切り取ってみる

最初の面は次の図（立方体と AFGD の切り口）のとおりです。

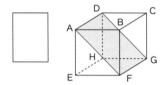

平面 IJK で横半分に切ると，上の図の長方形が横半分に切られます。

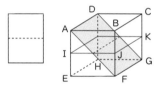

さらに，平面 AEGC で斜めに切ると，長方形の切り口は対角線で切られます。

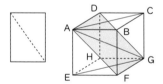

　これらの2つの面で同時に切り，三角柱 ABC − IJK を切り取ります。その結果，次の a のように三角形が切り取られます。b は a を見やすくしたものです。

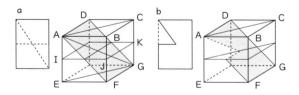

次に，三角柱 CLM － KON を切り取りますが，それは長方形に影響がありません。

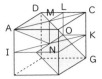

よって，断面は4です。

正答
4

ここでは，正面図と平面図，側面図と立体の関係を考える問題を扱います。つまり，2次元の図から，3次元の立体を推察できなければなりません。不安を感じるかもしれませんが，慣れれば大丈夫です。

見えないところもイメージすることが大切です。

例 題

正面図，平面図，側面図が次のようになる立体として，可能性があるのはどれか。

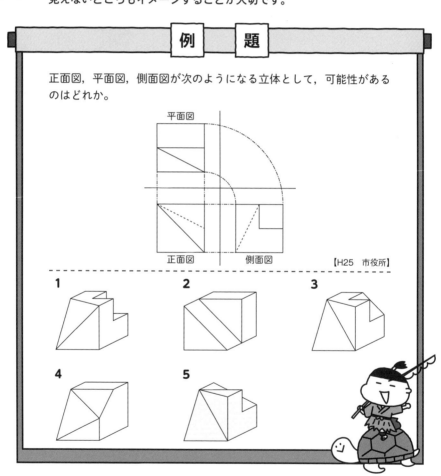

【H25　市役所】

 **STEP 1** 立体から正面図や平面図を考える

　正面図，平面図，側面図のすべてが合わなければ「可能性がある」とはいえませんね。消去法でいきましょう。

　選択肢の図形について，正面図，平面図，側面図を考えていきます。合わないものが出た時点でその図形はアウトです。正面図，平面図，側面図はすべて正方形ですから，立方体を切断した立体だということを頭に入れておくとよいですね。

平面図って？
平面図とは立体を真上から見たものをいうよ。正面図（立面図ともいう）とは前から見たもの，側面図は横から見たものだよ。本問の場合，側面図は右にあるから，右から見た図ということになるね。

 **STEP 2** 選択肢を検証する

まずは正面図から考えます。
1は以下のようになります。見えないところは点線で示します。

この時点でアウトです。
同様に，選択肢**2**から**5**の立体の正面図は以下のとおりです。

2	**3**	**4**	**5**

正面図が一致しているのは**5**のみです。よって正答は**5**です。

───　**正　答**　───
5

次の図のような平面図と正面図を持つ立体の左からの側面として，妥当なものはどれか。ただし，図中の破線は直接見えない辺を表す。

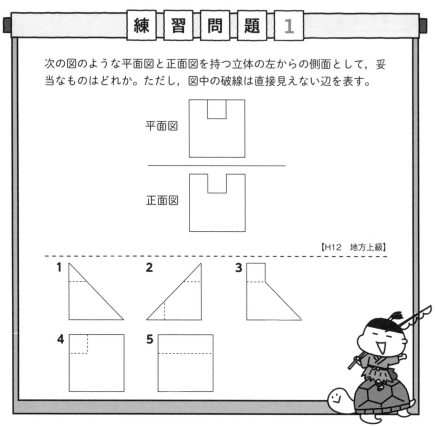

平面図

正面図

【H12　地方上級】

1

2

3

4

5

この問題は，見えない部分をどう扱うかがポイントになる問題です。

STEP 1　正面図と平面図からわかること

　平面図にある欠けた部分は，下の正面図の○で囲んだところです。もし，下の右図のような立体だとすると正面図で○印の部分は見えないはずです。

> **コツを伝授**
> 線がない場合，あった場合に分けてその違いを考えるとわかりやすいよ。

したがって，正面が上部から手前に向けて傾斜していると考えられます。

 **STEP 2** | 選択肢を検証する

STEP1 で考えた「正面が上部から手前に向けて傾斜している」ことを左側から見た状態で表すと，次のようになります。

これは **1** ですね。また，左からの側面図も含めて考えると，問題の立体は次のようになります。

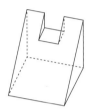

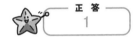

正 答
1

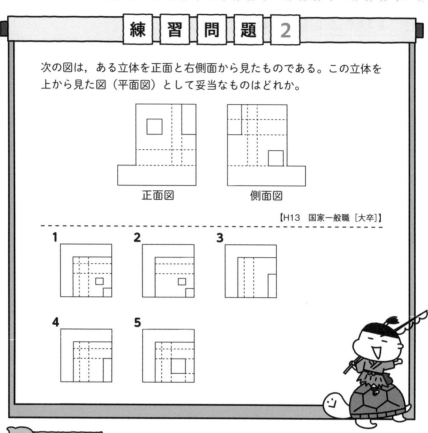

練 習 問 題 2

次の図は，ある立体を正面と右側面から見たものである。この立体を
上から見た図（平面図）として妥当なものはどれか。

正面図　　　　　　　側面図

【H13　国家一般職［大卒］】

1　　　　　　2　　　　　　3

4　　　　　　5

STEP 1　考えやすいように記号をつける

　条件がいくつか重なっている正面図と側面図なので，同じところに対応する箇所
に記号をつけてみます。次のとおりです。

正面図　　　　　　　　　側面図

イメージできないときは
問題の図から立体をイメージ
しろ！！といわれてできる人
はいないよね。ここは「実線
＝見える部分」「破線＝見え
ない部分」と考えて選択肢と
照合して消去法で考えよう。

STEP 2　選択肢を検証する

　1に，上の図の記号に対応しているところに，記号をつけてみると次のようにな
ります。

1

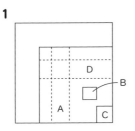

選択肢の検討
正面図と側面図だけで
なく平面図である選択
肢も合体できるよ。

平面図として**1**は妥当です。念のために他の選択肢にも記号をつけてみましょう。次のようになります。

2

3

4

5

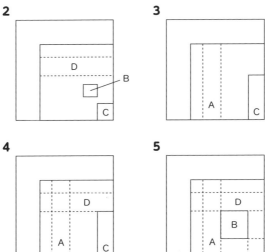

2はAがありません。**3**と**4**はCの大きさが不適当です。また，**3**にはB，Dがありません。**4**にはBがありません。**5**はBの大きさが不適当で，また，Cが直接見えません。

よって，**1**が正答で，平面図が**1**のとき，立体は次のとおりです。

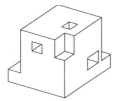

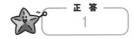

正　答

1

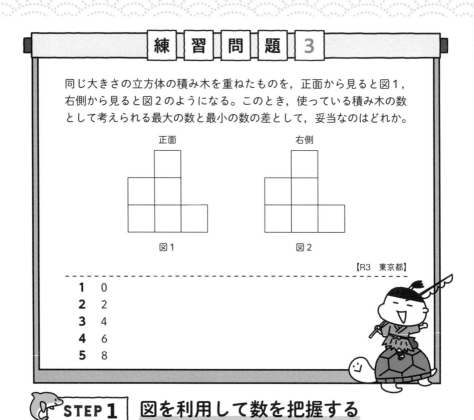

【R3　東京都】

1　0
2　2
3　4
4　6
5　8

🐬 STEP 1 　図を利用して数を把握する

　正面・右側それぞれの列から見える積み木の重なりの数を，次のように平面図にまとめてみましょう。

> 数が知りたいときは平面図に積み木の数を記入して考えてみよう。

🐬 STEP 2 　最大の数を考える

　使っている積み木の最大の数を考えます。
　正面・右側ともに１段の列は１個の積み木が並べられているので，図にまとめると次のようになります。

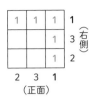

次に2段に見える列には最大で2段重ねられるので，残りのマスには2個の積み木を並べられます。

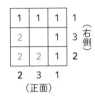

最後に真ん中が3段に見えるために，中心のマスには3段の積み木が重ねされているとわかります。

よって，最大の数は合計数より14個となります。

STEP3 最小の数を考える

一方，使っている積み木の数が最小のときは，2方向から見える数が1か所だけに積み重なる状態になることを考えます。

真ん中の3段は，次の図のように中心部分のみ3であれば条件を満たします。

2段と1段も同様に考えます。

よって，最小の数は図の合計数から6個となります。

以上より，差は 14 － 6 ＝ 8 ［個］となるので，正答は**5**になります。

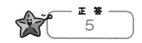

正　答
5

27 サイコロの問題
～1が上なら下は6～

ここでは，サイコロの目の数を求める問題です。サイコロを問題が与えた条件に従って動かし，その目の数を問う問題を解いていきます。

例　題

左図のような展開図となるサイコロを，右図のように4個組み合わせた。接する面どうしが同じ目であるとき，A面の目はいくつか。

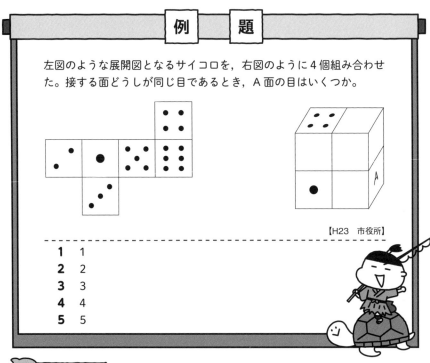

【H23　市役所】

- -

1　1
2　2
3　3
4　4
5　5

🐬 STEP 1　サイコロの目の見取図

サイコロの目をできるだけ見えるようにしたいので次のような見取図を使います。

サイコロの見取図

立方体の正確な見取図を使うと，数字が３つしかわからないけど，この見取図ならば５つの数字が見えるよね。サイコロの見取図として覚えておこう。

3面しかわからない

STEP 2 見取図を使って表す

展開図を元に数字を次のように入れます（図１）。

図1

問題の右の図を図１の見取図を使って表しましょう。図１より，サイコロの４の向かい合う面が３であり，１の向かい合う面が６であることと，接する面どうしが同じ目であることに注意します。

足して7

サイコロの目は普通，向かい合う面の目を足して7になるようになっているよ。だから，

　１の反対側は6
　２の反対側は5
　３の反対側は4

ただし，展開図が問題に提示されている場合は，足して7にならないサイコロもあるので注意してね！

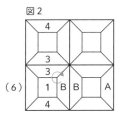

図2

ここで，図２の左下のサイコロの B の目に注目します。B の目は時計回りに「B－１－３」と並んでいます。図１で同じ配置の場所を探すと，「２－１－３」とあり，B ＝ 2 が確定します。A は B と向かい合わせなので，A の目は5です。

よって正答は**5**となります。

正 答
5

図1のようなサイコロがあり，向かい合う面の目の数の和はすべて7である。このサイコロ4個を図2のように置き，互いに接する面の目の数の和がすべて7になり，上面の4か所の目がすべて異なるようにした。このとき，Aの面の目として可能性のあるものをすべて挙げてあるものはどれか。

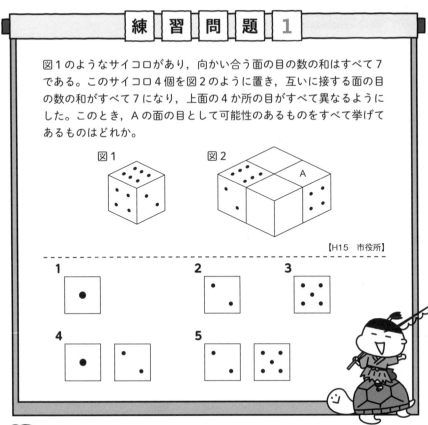

【H15 市役所】

STEP 1 どんどん見取図に数字を入れていく

図2のサイコロの目のわかっている部分と「接する面の目の和は7」という条件をもとに，図1を参考にして見取図に数字を書き入れてみましょう。図2で不明となっている面をB，C，Dとすると，次のようになります。

目の位置関係をつかもう
最初に図1のサイコロを真上から見た見取図で表すと次のようになるよ。

さらに，Bは1か6です。条件より「上面の4か所の目がすべて異なるようにした」とあるので，6ではなく1だとわかります。

AとCは1，6，3，4以外の2か5のどちらかです。また，Dは1か6です。もしDが1ならばCは2でAが5になります。Dが6ならばCは5，Aが2です。見取図にすると次のとおりです。

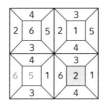

　問題は，Aの面の目として可能性のあるものをすべて挙げてあるものを選ぶように指示しています。可能性のある目は2と5ですから正答は5です。

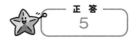

正　答
5

サイコロの面と同じ大きさの正方形A〜Iからなるマス目がある。図のように，Aの位置に上を向いた面の目が1になるようにサイコロを置き，タテまたはヨコに1マスずつ転がしてIの位置に移動させる。この作業を次のように2回行ったとき，Iの位置においてそれぞれ上を向いた面の目の数の和はいくらか。ただし，サイコロの相対する面の目の数の和は7になるものとする。

A → B → E → F → I
A → D → G → H → I

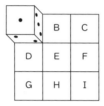

【H15　市役所】

1　2
2　4
3　6
4　8
5　10

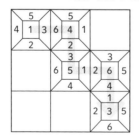

STEP 1　サイコロの見取図を利用する

A → B → E → F → Iの順に転がった場合

サイコロの転がし方
サイコロを転がすと面は①
②のように移動するよ。

① 転がす方向の横の面は
位置が変わらない（数字が
変わらない）。

② それ以外の面は1つず
つずれる。

A → D → G → H → I の順に転がった場合

コツコツと
どんなに複雑に動い
ても見取図さえつく
っていけば大丈夫！

図から，Ⅰの位置においてそれぞれ上を向いた面の目の数の和は 3 ＋ 1 ＝ 4 です。
これは選択肢 2 です。

正答
2

展開図が図Ⅰのようなサイコロを図Ⅱのような盤上に置き，図Ⅲのように転がした。サイコロがゴールに到達したとき，盤に接しているサイコロの目はいくつか。

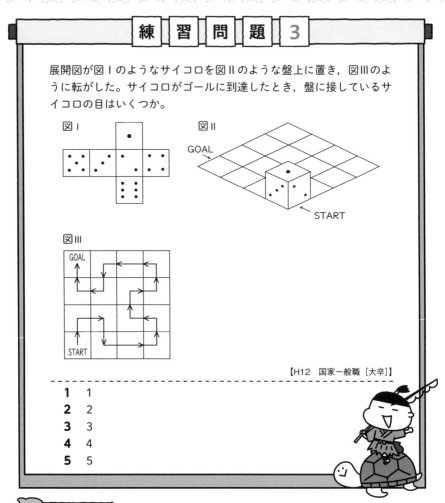

【H12 国家一般職［大卒］】

1 1
2 2
3 3
4 4
5 5

STEP 1 コツコツとサイコロを転がしてみる

盤に接している面の数，あるいは真上の面の数のみを考えることはなかなか難しいので，見取図を利用してコツコツとサイコロを進めていきましょう。

図Ⅰは相対する目の和が7の一般的なもので，図Ⅱから，各目の位置がわかります。盤の上を転がるサイコロの見取図の完成図は次のとおりです。

全部書かなくても
いちいち見取図を全部書かなくても，知りたい面のみに注目して逆にたどっていく方法もあるよ。

```
      6          3          3          3
  3  5  4    1  5  6    2  1  5    6  2  1
      1          4          4          4
      2          4          5          5
  3  6  4  1   3     6   3  1  4  6   3     1
      5          5          2          2
      1          1          6          6
  3  2  4  5  3   2   3  5  4  2   3     3  5
      6          6          1          1
      5          4          4          4
  3  1  4  5   1  2  6   5  1  2   6     5
      2          3          3          3
```

ゴールに達したとき，盤に接している目は2なので，正答は2です。

正答
2

次の図のように，小さな立方体を積み重ねて作った立体の最上部に立方体と同じ大きさのサイコロが乗せてある。このサイコロが図の矢印の方向に滑ったり落ちたりすることなく転がって着色部分まで到達したとき，サイコロの上面の目の数として妥当なものはどれか。ただし，サイコロの向かい合う面の目の数の和はすべて 7 である。

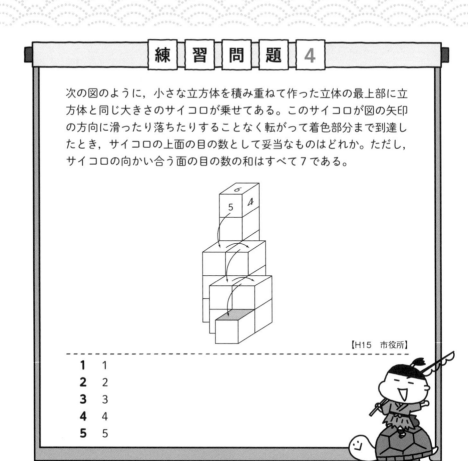

【H15　市役所】

1　1
2　2
3　3
4　4
5　5

🐬 STEP 1　サイコロの動きをとらえる

　サイコロが下の段へ転がるときは次の図のように 180° 回転して上下が逆になります（わかりやすいようにサイコロの半分に色をつけました）。

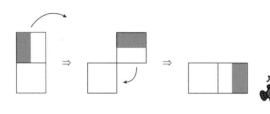

注意しよう

下の段に転がるとき，上のようには転がらないことに注意しよう。上の図は，横に 90° 回転させた後，滑り落ちた場合だよ。

　また，同じ高さで横に転がるときは 90° 回転します。このようにして転がっていくサイコロの目を，真上から見たときの見取図によって描いていくと次のようにな

ります。

STEP 2 | サイコロの見取図を描く

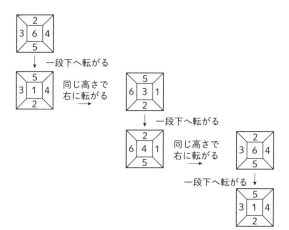

2
3 6 4
5

↓ 一段下へ転がる

5
3 1 4
2

同じ高さで
右に転がる
→

5
6 3 1
2

↓ 一段下へ転がる

2
6 4 1
5

同じ高さで
右に転がる
→

2
3 6 4
5

一段下へ転がる ↓

5
3 1 4
2

したがって，色を塗った部分まで到達したときのサイコロの上面の目の数は1なので，正答は1です。

正答
1

●本書の内容に関するお問合せについて

本書の内容に誤りと思われるところがありましたら，まずは小社ブックスサイト（jitsumu.hondana.jp）中の本書ページ内にある正誤表・訂正表をご確認ください。正誤表・訂正表がない場合や，正誤表・訂正表に該当箇所が掲載されていない場合は，書名，発行年月日，お客様のお名前・連絡先，該当箇所のページ番号と具体的な誤りの内容・理由等をご記入のうえ，郵便，FAX，メールにてお問合せください。

〒163-8671　東京都新宿区新宿1-1-12　実務教育出版　第二編集部問合せ窓口
FAX：03-5369-2237　　E-mail：jitsumu_2hen@jitsumu.co.jp

【ご注意】
※電話でのお問合せは，一切受け付けておりません。
※内容の正誤以外のお問合せ（詳しい解説・受験指導のご要望等）には対応できません。

本文デザイン＆イラスト：熊アート
カバーデザイン：マツヤマ チヒロ

公務員試験
判断推理がわかる！新・解法の玉手箱

2023年8月5日　初版第1刷発行　　　　　　　　　　〈検印省略〉
2024年1月5日　初版第2刷発行

編　者　資格試験研究会
発行者　小山隆之

発行所　株式会社　実務教育出版
　　　　〒163-8671　東京都新宿区新宿1-1-12
　　　　☎編集　03-3355-1812　　販売　03-3355-1951
　　　　振替　00160-0-78270
組　版　明昌堂
印刷・製本　図書印刷